삼일운동의 정신과 철학

# 삼일
## 운동의
### 정신과
#### 철학

박재순 지음

홍성사

●

머리글


　삼일운동은 1919년 3월 1일 일제의 식민통치 아래 신음하
던 한민족이 자주독립을 선언한 운동이다. 전국 곳곳에서 2백
만 명이 넘는 사람들이 일제의 군사적 억압과 폭력에 맞서 '조
선독립만세!'를 외치며 평화적인 시위운동을 벌였다. 독립선언
식과 만세시위는 전국으로 들불처럼 퍼졌고 자유와 평화, 생존
과 번영, 정의와 인도를 갈구하는 독립선언서의 메아리는 5월
말까지 3개월 이상 줄기차게 이어졌다.
　삼일운동이 지닌 역사적이고 정신적인 의미를 네 가지로 제
시할 수 있다.
　첫째, 세계 강대국들의 지배와 침략에 맞서 한민족이 세계
최초로 일으킨 거족적인 독립운동이며 대중적인 민주운동이
다. 민족의 자주독립과 세계평화를 위해 한민족 전체가 떨쳐 일
어난 삼일운동은 중국의 5·4운동과 인도(간디)의 독립운동에
직접 영향을 미쳤으며 다른 제3세계 식민지 민중들에게 큰 자
극과 용기를 주었다. 삼일운동 이후 약소국들의 독립선언이 이

어졌고 지금까지 100개가 넘는 나라들이 독립했다.

둘째, 일제의 제국주의적 탐욕과 군사적 폭력에 맞서 정의와 평화의 높은 도덕과 정신을 드러내고, 이성적이고 질서 있고 공명정대함을 보여 주는 비폭력 평화 운동이었다. 피해자가 가해자에게 용서와 화해의 길을 제시하고 그 길을 열고 그 길로 나아간 운동이다. 전쟁과 폭력의 국가주의를 넘어서 상생과 평화의 세계문명을 시작하는 인류문명의 신기원이며(박은식), 신분과 특권의 낡은 전통과 굴레를 깨트리고 자유와 평등을 실현하는 민주혁명이다.

셋째, 한국근현대사의 중심과 등뼈다. 여러 갈래의 민주민족운동이 삼일운동에서 하나로 결집하고 삼일운동을 거쳐서 다시 여러 갈래와 방향으로 나아갔다. 민족정신과 시대(세계)정신이 만나 새 시대를 연 운동이었다. 삼일운동은 민족의 생명력과 정신력을 분출한 거대한 분화구요, 한민족의 정신과 힘, 꿈과 미래상이 담긴 큰 호수다. 삼일운동은 대한민국의 정신과 철학을 담고 있다(헌법전문).

넷째, 대통합의 정신을 드러내고 실현했다. 지역과 신분, 종교와 정파, 이념과 신앙, 남녀노소의 차이를 넘어서 온 민족이 하나로 일어난 운동이다. 천도교, 기독교, 불교의 연대와 협력을 이루었으며, 도덕과 지성과 영성, 자연생명과 역사와 천명을 아우른 위대한 정신과 철학을 드러냈다.

삼일운동은 헌법 전문에서 밝힌 대로 대한민국의 합법적

정통성의 근거이며, 한국근현대사의 중심과 꼭대기다. 함석헌 선생도 살아 계실 때 자주 삼일운동에 대해서 말씀하셨다. 대한민국의 정신과 철학을 찾는다면 삼일운동에서 찾아야 할 것이다. 안타까운 일이지만 철학을 연구하는 사람들 가운데 삼일운동에서 한국의 정신과 철학을 찾으려는 이들을 보지 못했다.

나는 오랫동안 삼일운동의 정신과 철학을 생각해 왔지만 책을 쓸 생각은 하지 못했다. 관심을 가진 여러 학자들이 모여서 삼일운동에 대해서 대화하고 토론하는 과정을 거친 다음에 자연스럽게 삼일운동의 정신과 철학이 다듬어져 나오기를 기대했다. 아쉽게도 삼일운동에 대한 학자들의 공동 연구는 이뤄지지 못했다.

머지않아 삼일운동 100주년이 다가오고 있음을 알고 나서 2013년 말부터 몇 사람이 삼일운동 100주년을 준비하는 모임을 시작했다. 안재웅 전 한국YMCA연맹 이사장, 강대인 대화문화아카데미 원장, 변진흥 한국종교인평화회의 사무총장, 남부원 한국YMCA연맹 사무총장, 유성희 한국YWCA연합회 사무총장, 김전승 흥사단 사무총장, 윤경로 전 한성대 총장, 김흥수 목원대 교수, 신대균 한국YMCA연맹 시민위원장이 모임에 참여하고 있다.

이 모임에서 삼일운동의 정신과 철학에 대한 글을 써서 소책자의 형태로 삼일운동 100주년을 준비하는 사람들과 삼일운동에 관심을 가진 이들에게 제공하기로 하였다. 내가 이 책임을 맡아서 글을 썼는데 글을 쓰다 보니 내용이 늘어나서 책으로 내게 되었다. 삼일모임에서 이 책을 쓸 계기를 마련해 주었고 삼일모임의 지지와 격려가 있어서 이 책을 쓸 용기와 힘을 얻게 되었다. 삼일모임에 참여하는 선생님들과 삼일모임을 이끌어 주시는 안재웅 이사장께 감사드린다.

21세기는 자치와 협동을 통해서 실질적인 민주주의를 실현하고 한반도의 평화통일을 이루고 국경을 넘어서 동아시아와 세계평화를 향해 나아가야 할 시대다. 민주, 민족독립, 세계평화의 이념과 열망에 사무쳤던 삼일운동의 정신과 철학은 오늘 더욱 빛이 나고 간절하게 요청된다.

삼천리 반도 곳곳에서 국민 한 사람 한 사람이 들고 일어나 나라를 되찾고 바로 세워서 세계 평화의 길로 나아가려 했던 삼일운동은 오늘 자치와 협동의 풀뿌리(씨올) 운동으로 이어져야 한다. 제주씨올네트워크를 창립하여 자치와 협동의 길에서 큰 걸음을 내디딘 신용인 대표께 감사드리며 지지와 격려를 보낸다. 이 책이 도시의 아파트와 연립주택과 다세대주택에서, 농촌의 마을들에서, 모든 지역과 단체들과 조직들에서 자치와 협동의 꿈틀거림이 일어나는 데 도움이 되기를 바란다. 삼일운동의 정신과 철학을 이어받아서 자치와 협동의 연결망이 튼실하게 이어지고 확장되면 좋겠다.

2015년 2월

박재순

1장

삼일운동의 배경

# 1. 역사적 배경

한국 근현대사는 서구의 정신과 문화를 받아들임으로써 중국의 정치·문화적 지배에서 벗어나 민족의 주체적 자각을 이루어 가는 과정이었다. 동서 문명의 만남 속에서 민중의 주체적 자각과 민주화가 이루어진 것이다. 근현대사를 통해서 한민족은 동아시아적 정치·종교·문화의 전통과 질서를 넘어서 동서를 아우르는 보편적 정치·종교·문화의 세계로 나아가게 되었다. 민주화, 산업화, 세계화를 실현해 가는 한국 근현대사의 중심과 절정에 삼일운동이 있다. 삼일운동은 민중이 나라의 주체임을 자각하고 주체로 일어선 운동이다. 근현대의 역사 속에서 교육운동과 독립운동을 통해서 단련되고 준비된 주체적인 민중이 없었다면 한국의 민주화, 산업화, 세계화는 이루어지지 못했을 것이다.

삼일운동은 오랜 역사를 통해 준비된 것이다. 1600년대 초에 시작된 실학운동은 서구 문화를 받아들이면서 중국의 정치·문화적 지배에서 벗어나 민족의 주체적 자각과 자주독립을 추구한 운동이었다. 우리 눈으로 우리 역사와 문화를 보고 우리의 지리와 언어에 관심을 갖고 우리 겨레와 우리 민족의 살길을 찾고 우리 백성民을 중심에 두고 생각하는 민생民生·민본民本·애민愛民의 정치와 정책을 추구하였다. 그러나 정약용을 비롯하여 실학자들은 조선왕조의 테두리를 벗어나지 못했기 때문에 진정한 민주民主정신에 이르지 못했고 우리 민족의 근대화를 이루지 못했다.

실학파를 계승한 김옥균, 홍영식, 박영효, 서재필 등 젊은 개화파는 청나라에 대한 종속에서 벗어나 자주적인 국민국가를 이루기 위해 1884년 갑신정변을 일으켰으나 청나라 군대의 개입으로 실패했다. 이들은 문벌폐지와 인민평등권의 제정을 통해서 양반지배체제를 청산하고 청나라로부터 완전한 자주독립을 이루려고 했다. 이들이 실패한 이유를 두 가지 들 수 있다. 첫째, 일본군에 의지하려 했다는 것이다. 외세에 의존해서 나라의 자주독립을 실현하려는 개화파의 정치적 시도는 위험하고 무모할 뿐 아니라 자기모순에 빠진 것이다. 둘째, 개화파는 양반지배체제를 청산하고 국민국가를 지향했으나 대다수의 국민을 이루는 농민에 대해서 관심을 갖지 않았고 농민의 지지와 협력을 이끌어 내지 못했다. 개화파가 일으킨 갑신정변은 조급한 지식인 엘리트들이 민중과는 아무런 관련 없이 일으킨 무모한 쿠데타로서 실패할 수밖에 없었다.

동학운동은 아래로부터 일어난 민중종교운동이었다. 동학은 사람마다 한울님을 모시고 사람을 한울님처럼 섬겨야 한다고 가르쳤다. 이로써 신분, 남녀, 빈부의 차이를 넘어서 민중을 존귀하고 평등하게 섬겼을 뿐 아니라 민중이 역사와 사회의 중심에 주체로 서게 하였다. 1894년에 지배 권력층의 억압과 수탈에 맞서 농민들을 중심으로 동학혁명운동이 일어났다. '반봉건, 반외세'를 내세운 동학농민혁명운동은 들불처럼 퍼져서 한때 큰 세력을 이루었다. 그러나 현대무기를 가진 2천 명의 일본군에 패배함으로써 동학혁명운동은 수만 명의 큰 희생을 치르고 실패하고 말았다. 동학혁명운동이 새 나라를 세우는 데 실패한 이유를 세 가지 들 수 있다. 첫째, '반봉건'을 내세웠으나 봉건왕조를 넘어서 민주적인 국가체제에 대한 이념을 분명히 제시하지 못했다. 둘째, 민중을 역사와 사회의 중심과 주체로 세우고 받들었으나 민중의 맑은 지성을 깨워 일으키지 못했다. 주문과 부적을 강조함으로써 종교적 대중성을 얻었으나 과학적이고 합리적으로 생각하고 행동하도록 교육하지는 못했다. 셋째, 반외세를 내세움으로써 자주독립 국가를 세우려 했으나, 세계정세에 대한 안목이 부족하고 미래의 세계에 대한 뚜렷한 전망이 없었다. 민중을 나라의 중심과 주체로 세우고 자주독립의 나라를 세우려 했던 동학혁명운동의 꿈은 25년 후에 삼일운동으로 활짝 피어났다.

실학, 개화파, 동학의 근대화 노력이 실패한 다음에 나온 것이 독립협회와 만민공동회였다. 위로부터 일어난 지식인들의 개혁운동뿐 아니라 아래로부터 일어난 동학혁명운동이 모두 실패로 끝났다. 국가의 경제력과 군사력도 소진되었다. 이제 나라를 지키고 바로 세우기 위해서 할 수 있는 일은 민중을 나라의 주인과 주체로 깨워 일으키는 것뿐이었다. 당시 조선왕조는 미국이 조선을 도울 나라라고 여겼는데 조선에 대한 영토 욕심도 없고 가장 발전하고 힘 있는 나라라고 생각했기 때문이다. 고종은 미국 선교사들을 격려하여 400여 개의 학교를 세우게 하였고 이 학교들은 신분과 나이와 성별의 차이 없이 누구나 입학하여 공부할 수 있게 하였다.

개화파의 막내로서 갑신정변이 실패한 다음에 미국으로 망명 갔던 서재필이 돌아와서 정부 집권세력의 재정 후원을 받아서 1896년에 독립신문을 창간하고 독립협회를 창립했다. 독립신문을 순 한글로 발간한 것은 민중을 깨워 일으키려는 일념이 있었기 때문이다. 독립협회와 만민공동회는 외세의 이권침탈에 맞서 자주국권운동을 벌이고 전근대적 억압과 수탈에 맞서 민권운동을 벌이고 민이 참여하는 의회설립운동을 벌였다.

서재필, 이완용, 윤치호, 이상재, 남궁억 등이 이끌었던 독립협회와 만민공동회는 보수적인 고위공직자들과 양반들이 주도했다. 그러나 강연회와 토론회를 통해서 민중계몽과 정부비판에 앞장서게 되자 혁신적이고 민중적인 인물들이 이후 주도하게 되었다. 만민공동회는 고위공직자와 양반뿐 아니라 백정과 같은 천민도 참여하여 정치적인 의견과 주장을 발표하는 자리가 되었다. 독립협회와 만민공동회와 독립신문을 통해서 민중을 나라의 주인과 주체로 깨워 일으키는 교육운동이 힘차게 펼쳐졌다. 처음에 독립협회의 활동을 지원했던 고종은 독립협회와 만민공동회가 민주적이고 혁신적인 대안을 제시하는 민중교육운동으로 확산되자 1898년에 독립협회를 해산시켰다.

민중을 나라의 주인과 주체로 깨워 일으켜서 나라를 구하고 바로 세우는 일에 앞장서게 했던 독립협회와 만민공동회의 활동은 2년 반이라는 짧은 기간에 그쳤지만 한국의 근현대사에서 큰 의미를 지니고 있다. 강대국들의 지배와 침탈에 맞서 민족의 자주독립을 추구하고 민족의 자주독립을 위해서 민중을 주체로 깨워 일으키고 민중이 주체로 참여하게 했다는 점에서 독립협회와 만민공동회는 삼일운동을 준비하고 삼일운동에 이르는 길을 열었다. 사회의 개혁을 위해서 민중의 자발적이고 주체적인 참여가 이루어졌다는 점에서 독립협회와 만민공동회는 한국 시민운동의 시작과 모범으로 평가될 수 있다. 독립협회와 만민공동회를 주도했던 이상재, 윤치호 등이 중심이 되어 1903년 황성 YMCA를 창립하고 민족의 자주독립운동과 민중교육운동을 이어갔다. 1907년 안창호는 독립협회에 참여했던 기독교 민족운동세력을 중심으로 신민회를 조직하여 민족의 교육독립운동을 전개했다. 이로써 독립협회와 만민공동회는 역사적으로 삼일운동으로 이어질 수 있었다.

독립협회와 만민공동회의 활동에 앞장선 젊은이가 안창호와 이승만이다. 안창호는 평안도에서 평민의 아들로 태어나 홀로 자신을 기르고 스스로 인생길을 열어 갔다. 그는 독립협회의 활동에 적극 참여해서 1년 이상 서재필의 강연을 들으며 생각과 정신을 키우고 넓혔다. 이승만은 양반 집안(양녕대군 16대손)에 태어나 기호세력의 사랑과 후원을 받았다. 이승만은 독립협회를 이끌었던 윤치호와 이상재의 총애를 받았다. 그러나 미국의 지원과 협력을 통해서 독립할 수 있다고 생각한 그는 친미 사대주의에 빠져 미국을 상대로 한 외교활동에 전념했다.

안창호는 나이 스물에 평양과 서울서 열린 만민공동회에서 감동적인 연설을 함으로써 지도적인 인물로 떠올랐다. 그는 연설을 통해서 청중과 하나로 되었고 청중을 일깨워 민족 전체를 하나로 일으켜 세우려 했다. 그에게는 한 사람을 깨워 일으키는 것이 민족 전체를 깨워 일으키는 것이고 한 사람을 바로 세우는 것이 나라를 바로 세우는 것이었다. 그는 한 사람 한 사람이 덕스럽고 힘 있고 슬기로운 사람이 되어야 한다고 생각했다. 정직하고 용감하고 충실하고 슬기로운 인격을 가진 사람이 되어야 나라를 되찾고 바로 세울 수 있다고 보았다. 그는 무슨 일을 하든 저마다 제가 스스로 해야 한다고 보았다. 나라를 위한 일을 다른 누가 하는 게 아니라 '내'가 해야 한다는 것이다.

민중 한 사람 한 사람을 나라의 주인과 주체로 깨워 일으키려 했던 안창호는 민을 나라의 주인과 주체로 섬기는 마음으로 가르치고 일깨웠다. 그는 어린 소년에게도 큰절을 하며 가르치고 일깨우려고 애를 썼다. 그는 앞장서서 민중을 이끌고 가려고 하지 않고 민중이 스스로 깨달아 스스로 이끌어 가도록 격려하고 기다리는 지도자였다.

안창호는 민을 새롭게 하는 민족(민중)교육이 나라를 되찾고 바로 세우는 지름길이라고 생각하고 신민회新民會를 조직했으며, 민중교육을 독립운동의 토대와 중심으로 삼았다. 교육운동을 위해서 대성학교를 세우고 청년학우회를 조직했다. 청년학우회 총무인 최남선을 통해서 교육문화운동이 활발하게 일어나도록 했다. 안창호가 조직한 신민회는 한국에서 최초로 민주공화정의 이념을 제시했다.

안창호의 강연을 듣고 민족교육운동에 앞장선 이승훈은 오산학교를 세우고 독립정신과 독립운동의 산실이 되게 했다. 이승훈은 어린 학생들에게 존댓말을 쓰고 마당 쓸고 변소 청소하는 일을 몸소 함으로써 학생들이 나라를 구하고 바로 세울 인재가 되도록 이끌었다. 이 학교에서 유영모와 함석헌이 스승과 제자로 만나서 민주생활철학인 씨올사상을 형성했다. 오산학교의 설립자 이승훈은 기독교를 대표하여 삼일운동을 조직하고 주도했으며 오산학교와 그 졸업생들은 삼일운동에 앞장섰다. 오산학교는 삼일운동의 본거지이고 삼일정신의 산실이었다.

한국의 근현대사는 실학으로부터 민족교육운동에 이르기
까지 민족의 자주독립과 민주를 향한 오랜 여정이고 구도자적
편력이었다. 오랜 역사의 여정 끝에 삼일운동에서 비로소 자주
독립과 민주를 향한 역사는 절정에 이르렀다.

# 2. 종교적·문화적 배경

삼일운동에서 한민족 전체가 한마음으로 떨쳐 일어난 것은 삼일운동이 한민족의 정신적 근원에서 깊은 공감을 얻었기 때문이다. 삼일운동은 한민족의 정신과 성격, 열망과 꿈이 드러난 것이다. 한민족의 정신과 꿈을 전통종교와 문화 속에서 살펴볼 수 있다.

## 민족전통종교문화

### 한겨레—'한'사상

한민족의 정신과 사상, 정신적 원형질은 '한'韓, 桓으로 표현되고 실현되었다. '한'은 하늘, 하나님을 나타내는 말이면서 우리 민족을 가리키는 말이다. '한'은 우리 민족과 하늘(하나님)의 깊은 결속과 관계, 일치와 통합을 나타낸다. 한민족은 속에 하늘(하나님)을 품고 하늘을 그리워하고 우러르며 살아왔다. 하늘은 전체가 하나로 되는 자리이며 저마다 자유롭게 되는 자리다. 한겨레는 주체의 자유로운 깊이에서 전체의 하나 됨에 이르려는 하늘의 꿈과 열망을 지닌 민족이다. 한민족은 하나 되려는 열망이 너무 강하기 때문에 하나 됨을 느끼지 못하면 하나를 느낄 수 있는 단위로 쪼개지는 경향이 있다. 때로는 모래알처럼 잘 흩어지고 당파와 종파, 혈연과 학연과 지연으로 갈라지기도 한다. 그러나 그렇게 흩어지고 갈라지는 것도 '하나 됨'의 열망에서 비롯된 것이다. 한민족의 갈라짐과 흩어짐은 참된 주체로서 참된 전체의 하나 됨에 이르기 위한 진통이며 과정이다.

'한'은 낱낱의 하나와 전체의 큰 하나 됨을 함께 나타낸다. 한은 개체와 전체의 묘합妙合이며 통일이다. 한민족이 가장 좋아하는 수가 하나와 셋이다. 하나는 절대 하나의 세계이고 둘은 서로 맞서는 상대세계이고 셋은 상대세계의 서로 다른 만물을 가리킨다. '하나'는 모든 것이 비롯되는 큰 하나(하늘)이며 셋은 서로 다른 만물을 나타낸다. 셋은 서로 다른 만물이 '하나'로 서는 것을 나타낸다. 다리가 셋이면 잘 선다. 삼일운동이 3월 1일에 일어난 것은 역사적 우연일지 모르지만 셋과 하나는 민족의 정신과 사상에서 보면 필연적인 귀결이다. 한사상은 삼일三一사상이다. 민족종교의 경전인 《삼일신고三一神誥》에는 "셋이 만나 하나로 돌아가고 하나를 잡아 셋을 포함한다"會三歸一 執

—숨三는 삼일철학이 제시되어 있다. 셋은 '선다'ェ는 말이면서 만물을 나타낸다. 삼일三一, 셋은 서로 일어나서 하나로 돌아가려고 하며 하나는 셋을 머금고 셋과 이어져 있다. 셋 하나는 우리 민족정신의 근원적 깊이 속에 사무친 말이며 모두 하나로 일어서려는 꿈과 열망을 나타낸다.

### 건국신화와 전통종교문화의 평화정신

한국인의 종교와 문화와 삶 속에서 자연친화적인 평화사상이 형성되었다. 한국인의 그림과 도자기, 집과 뜰의 건축은 자연과 하나로 녹아드는 경지를 보여 준다. 자연과 하나로 녹아드는 문화와 예술은 한국인의 자연친화적이며 평화적인 정신을 드러낸다. 외래 종교인 유교, 도교, 불교, 기독교를 옹글게 받아들인 것은 외래 종교문화에 대한 한민족의 평화적이고 동화적同化的인 포용성을 나타낸다.

한민족의 평화사상은 건국신화 속에서 잘 드러난다. 다른 나라의 건국신화에는 흔히 권력투쟁과 정복전쟁이 나온다. 그러나 한민족의 건국신화들에서는 권력투쟁과 정복전쟁이 나오지 않는다. 나라를 세운 왕이 햇빛이 비친 알에서 태어난다는 이야기들이 자주 나오는데 이런 이야기는 생명 친화적이며 평화롭다. 백제를 세운 비류와 온조는 고구려에서 권력투쟁을 피하여 남쪽으로 내려와서 나라를 세운다. 신라의 시조 박혁거세는 알에서 태어났으며 촌장들의 합의에 의해서 평화롭게 왕으로 추대된다.

단군신화에서 하늘을 열고 나라를 세웠다는 이야기는 나라의 뿌리와 목적이 하늘에 있음을 말해 준다. 하늘은 신령한 곳이고 밝고 환한 곳이며 떳떳하고 이치와 도리에 맞는 곳이다. 하늘에 뿌리를 둔 한민족은 하늘의 신령함과 광명정대함과 떳떳한 이치와 도리를 추구한다. 한韓은 밝고 환한 환桓, 桓因, 桓雄과 통하는 말이다. 단군신화에 나오는 건국이념은 '널리 사람을 이롭게 함'弘益人間과 '세상을 이치로 교화시킴'在世理化이다. 우리의 건국이념은 보편적이고 이성적이며, 밝고 평화적이다.

최치원에 따르면 한국 전통종교인 풍류도風流道는 유불도 삼교를 포함한다. 풍류도는 말 그대로 바람과 물을 따라서 자연 속에서 하늘의 신령한 세계와 사귀고 벗들과 어울리며 몸과 맘을 닦고 기르는 자연친화적이고 평화로운 전통종교였다. 유불도를 아우르는 전통 종교에서 여러 다른 종교들을 끌어안는 한민족의 포용정신을 확인할 수 있다.

천도교와 불교와 기독교의 협력

서양의 근대화는 기독교 중심인 중세 봉건사회의 억압과 수탈로부터 해방되는 과정이었다. 서양의 근대화 과정은 이성적 계몽주의와 산업자본주의를 통해서 기독교의 낡은 교리와 관

행으로부터 벗어나는 과정이기도 했다. 따라서 서양의 근대화
는 탈종교(기독교)적 성격과 방향을 가지고 있다.

이에 반해 한국의 근대화는 종교로부터 큰 동력을 얻었으
며 종교적 성격과 방향을 가지고 있다. 조선왕조가 몰락하고 일
제의 식민통치로 옮겨 갔기 때문에 근대화를 추진할 시민계층
이 형성되지 못했다. 국가권력과 지배계층은 쇠퇴하고 전통종
교의 영향도 약화되었다. 이런 상황에서 민중이 역사와 사회의
중심과 선봉에 섰고 크게 보아 두 가지 흐름이 형성되었다. 첫
째, 서양의 정신과 문화를 받아들였다. 한국에서는 서양의 문
물과 기독교 신앙을 받아들인 이들이 나라를 바로 세우는 일
에 앞장섬으로써 근대화를 이끌었다. 이들은 독립협회와 만민
공동회, 신민회와 민중교육운동서 삼일운동까지 큰 흐름을 이
루었다. 1970~80년대 민주화운동에서는 기독교와 불교가 주도
적인 구실을 했다. 둘째, 침입해 오는 서양의 정신과 문화에 맞
서 주체적인 민중종교운동을 일으켰다. 이것이 동학운동이고
천도교였다. 1894년 동학혁명운동에서 1919년 삼일운동까지
동학(천도교)이 주도적인 구실을 했다.

당시 한국의 종교들은 서로 다른 상황과 처지에 있었다. 유
교는 한국에서 가장 오랜 역사를 가졌고 가장 폭넓은 영향력
을 지니고 있었으나 통일되고 체계적인 조직을 이루고 있지 못
했다. 또한 봉건적 의식과 관행에 익숙했기 때문에 삼일운동에
주도적으로 참여하지 못했다. 민족 대표로서 이름을 올리지 못

했으나 삼일운동이 시작되고 나서 많은 유림인사들이 삼일운동에 참여했다. 불교는 1,500년 동안 민족의 맘과 정신을 심화시키고 이끌어 온 전통종교였으나 당시에 민족의 근현대역사를 앞장서 이끌지는 못했다. 그러나 만해와 용성 같은 뛰어난 두 스님이 민족 대표로 이름을 올렸고 개별적으로 스님들과 신자들이 삼일운동에 참여했다.

삼일운동 당시 한국 인구는 1600만 명 정도였다고 한다. 교부금을 내는 천도교 신도가 200만 명이고, 교적부에 이름을 올린 신도가 300만 명이라고 하니 천도교의 세력을 짐작할 수 있다. 이에 비해 기독교인 수는 20만 명이 채 되지 못했다. 조직적으로나 재정적으로 삼일운동을 준비하고 주도한 것은 천도교였다. 천도교 교주 손병희는 민주적인 근대국가의 이념을 내세우고 도덕적이고 정신적인 새 문명을 제시하며 평화적인 운동방법을 제안함으로써 삼일운동을 추진하였다. 당시 기독교의 교세는 천도교의 10분의 1도 되지 못했으나 기독교는 교회에서 매주 1회 이상 모여서 설교를 듣고 대화와 토론을 나눌 수 있었고, 교회와 학교, 청년연합회(YMCA)와 같이 전국적인 연대와 조직을 가지고 있었다. 수많은 지식인과 지도자들, 학생, 학교와 교회를 중심으로 기독교는 삼일운동에 앞장섰고, 삼일운동을 전국적으로 널리 확산시켰다.

2장

삼일운동의 정신

# 1. 삼일운동의 역사와 원칙

시대상황과 삼일운동

### 국제정세와 삼일운동

국제정세는 삼일운동에 유리하지 않았다. 일제의 식민통
치는 10년째 접어들어 한반도에 뿌리를 내리고 있었고 일본은
1918년 11월에 끝난 1차 세계대전에서 승리한 연합국에 속해
있었다. 1917년 공산혁명을 일으킨 소련은 새로운 국가체제를
정착시키느라고 주위의 나라에 관여할 여유가 없었다. 중국은
제국 열강들의 침탈과 보수지배층의 억압으로 고난을 겪었고
민주혁명세력은 반제반봉건 투쟁에서 벗어나지 못하여 한민족
에 대한 일제의 식민통치에 개입할 수 있는 힘이 없었다. 1차 세
계대전에서 승리한 연합국의 지위에 있었던 일본의 국제적 지
위는 더욱 굳건해졌다.

미국의 윌슨 대통령이 1918년 1월 새로운 국제질서의 기초로서 '모든 민족은 그 민족의 운명을 스스로 결정해야 한다'는 '민족자결주의'民族自決主義 원칙을 제창했다. 1918년 11월 독일의 항복으로 1차 세계대전은 끝나고 세계대전의 종결을 위해서 승전국들이 1919년 1월에 개최한 파리강화회의는 국제분쟁과 집단안보의 중재, 무기감축과 개방외교를 지향하면서 국제연맹을 위한 규약을 제정했다.

그러나 파리강화회의는 패전국들의 식민통치 아래 있던 약소민족들에게만 민족자결의 원칙을 적용하고 승전국들의 식민통치 아래 있던 약소민족들에게는 적용하지 않았다. 미국의 한국교민들을 대표해서 이승만 등이 파리강화회의에 참석하여 조선민족의 독립을 호소하려고 했으나 미국정부의 출국 허락을 받지 못해서 파리강화회의에는 참석하지도 못했다. 한국의 많은 지식인들은 윌슨의 민족자결주의나 파리강화회의가 조선의 독립에 큰 도움이 될 수 없다는 것을 자연히 알고 있었다. 삼일운동은 윌슨의 민족자결주의나 파리강화회의와 같은 국제정세의 흐름에 편승해서 가볍게 일어난 운동은 아니었다.

당시의 민족 지도자들과 학생 지식층은 세계역사를 깊이 보고, 한국민족의 자주독립과 세계평화의 길이 인류역사가 나아가는 큰 길임을 알았다. 그들의 호소를 들은 한국 민중의 맘 깊은 속에서 민족정신이 크게 움직여서 삼일운동이 일어났다. 지배와 정복, 억압과 수탈을 추구한 제국주의 열강들이 4년이 넘게 벌인 1차 세계대전이 끝나고, 세계의 지식인들과 민중 사이에서 세계전쟁에 대한 근본적인 반성이 일어났고 도덕과 양심에 기초해서 세계평화의 길로 나아가려는 세계적인 기운이 꿈틀거리고 있었던 것은 사실이다. 한민족은 이런 세계적인 흐름과 기운을 감지했다. 그리고 민족의 정신과 문화 속에서 길러 온 자주와 평화의 열망과 의지를 삼일운동에서 맘껏 드러냈다.

### 국내정세와 삼일운동

1919년에 일본은 한반도에서 토지조사를 마무리하고 한반도의 행정구역을 전면 개편하는 등 무단지배체제를 구축해 가고 있었다. 일제의 억압과 수탈, 차별과 배제가 강화되면서 한민족의 저항과 분노는 커졌다. 1910년을 전후로 국내의 많은 독립지사들은 해외로 망명했으며, 연해주와 만주에 마련했던 해외 독립운동 기지는 1차 세계대전이 일어난 후 러시아, 중국, 일본의 야합으로 파괴됐고 해외 독립운동가들은 극심한 고난을 겪어야 했다. 그럼에도 러시아에서는 이동휘를 중심으로 한인 사회주의자들이, 미국에서는 안창호를 중심으로 대한인국민회가, 중국에서는 여운형을 중심으로 신한청년단이 독립운동을 펼치고 있었다.

1910년부터 1918년까지 국내에는 두 가지 갈래의 항일독립운동이 있었다. 의병전쟁으로 대표되는 무장독립운동이 그 하나이고 다른 하나는 민족의 개화와 실력양성을 목표로 하는 애국계몽운동이다. 의병전쟁은 1909년 일제의 대토벌 작전으로 큰 타격을 받은 후 국내에서는 거의 활동이 불가능하게 되었다. 또한 의병운동의 주도층은 충군애국忠君愛國의 전통사상에 충실한 유생들로서 현대적인 지도력을 발휘하기도 어려웠다. 그에 반해 애국계몽운동은 민족교육과 신문화운동을 중심으로 줄기차게 이어져 왔으며 삼일운동의 잠재력을 축적한다는 점에서 큰 의미가 있었다.

## 삼일운동의 준비과정

국내정세나 국제정세의 여건은 삼일운동을 일으키는 데 결코 유리하지 않았다. 그러나 5천 년 동안 이 땅에서 국가를 이루며 살아온 한민족의 맘속에는 자주독립의 열망이 사무쳐 있었다. 자주독립의 열망은 실학 이래 한국의 근현대사에서 길러지고 심화되고 간절해진 것이다. 동학혁명운동에서 큰 희생을 치른 한민족의 생명력과 정신력이 소진되었을 때 조선왕조는 맥없이 일제의 손에 넘어가고 말았다. 나라를 잃고 일제의 식민지가 된 지 10년이 지나면서 나라를 잃은 허망함과 아쉬움 속에서 민족의 자주독립을 열망하는 의지와 기운이 민중 속에서 살아나기 시작했다.

일제의 불의한 억압과 수탈, 차별과 배제를 경험한 한국 민중은 민족의 자주독립을 간절히 바라게 되었다. 해외로 망명한 독립지사들과 국내에 남은 민족지도자들은 일제의 식민통치에서 벗어나기 위해 무슨 일이든 해야 한다는 염원을 가지고 있었다. 불을 붙이면 타오르고 손을 대면 터질 만큼 민족의 독립 의지와 염원은 간절했다. 이런 상황에서 마침 1차 세계대전이 끝나고 민족자결주의가 제시되고 세계평화를 위한 국제적 움직임이 일어나자 한민족은 그 작은 빈틈을 이용해서 삼일운동을 일으킨 것이다.

1919년 1월 21일 고종이 돌연히 사망하고 독살설이 퍼져서 민심이 흉흉했다. 1919년 3월 3일 고종의 장례식에 전국의 수많은 유림들과 유력인사들이 상경할 예정이었다. 1919년 2월 8일, 도쿄에 있는 조선 YMCA 회관에 모인 유학생 600명이 독립선언대회를 열고 독립선언서를 낭독했다. 국내의 지도자들과 긴밀한 협력과 의논 속에서 추진되었던 도쿄 유학생들의 독립선언 소식은 국내로 빠르게 전파되었다.

1차 세계대전이 끝나고 국제정세가 크게 변할 것을 예감한 손병희는 새 문명, 새 국가에 대한 원대한 꿈을 가지고 1918년 말경부터 권동진, 오세창, 최린 등 측근들과 거족적인 독립운동을 위한 논의를 이어갔다. 이들은 1919년 1월 하순경 독립운동의 3대 원칙 대중화, 일원화, 비폭력을 결정했다. 1월 중순부터 대한제국의 저명인사들인 박영효, 한규설, 윤용구, 김윤식, 윤치호, 이완용을 교섭했으나 아무도 응하지 않았다. 그래서 기독교의 유력인사 이승훈을 만나 협의하여 찬성을 얻었다. 만해 한용운을 통해 백용성이 합류하면서 불교계의 참여도 이루어졌다.

이승훈은 평안도 지방의 기독교 동지를 규합하고 서울의 함태영, 박희도 등과 협의하여 기독교의 합류를 성사시켰다. 박희도는 중앙기독교청년회 간사로서 기독교 중심의 청년 학생단을 조직하여 독립운동을 일으키기로 결정했다. 이 계획은 박희도가 이승훈을 만남으로써 이승훈 중심으로 합류되었고 이 기독교 중심의 통합 추진 계획은 이승훈을 통해서 천도교 측과 통합되었다. 독립운동의 일원화 원칙에 따라 박희도는 학생들의 독자적 독립운동 계획을 중단시키고 삼일운동에 합류시켰다. 각 학교 학생들이 조직적으로 참여함으로써 전 민족적 독립운동의 준비는 무르익어 갔다.

민족대표 33인을 포함해서 삼일운동의 중앙지도체 인사들은 주로 기독교와 천도교에 속한 인물들로서 모두 신학문을 접하고 새로운 사회를 열망하는 사람들이었다. 그들은 전통적 사상이나 체제를 싫어하고 민주주의를 신봉하는 인물들로서 국가의 독립과 민족의 발전에 깊은 관심을 가지고 있었다. 중앙지도체의 형성 과정에서 전 관료와 유림 측이 제외되었기 때문에 삼일운동은 민주적이고 민중적인 운동으로서 발전되고 확산될 수 있었다. 중앙지도체가 강력한 조직력을 가진 종교단체와 학생집단이었기 때문에 거미줄처럼 퍼진 일제의 정보망에 걸리지 않고 거사 일까지 무사히 삼일운동의 준비와 계획을 끌어올 수 있었다. 또한 천도교는 막대한 자금을 가지고 있었기 때문에 모든 준비를 쉽게 마칠 수 있었다.

삼일독립운동을 추진한 이들은 거족적인 독립운동을 위해 모든 일을 치밀하고 완벽하게 준비하고 조직적으로 추진하고 전개했다. 최남선이 쓴 독립선언서는 2월 27일 오후 6~10시에 2만 1천 매를 인쇄하여 28일 아침부터 여러 사람에게 분배하여 전국 각지로 전달되었다. 33명의 민족대표들은 나라의 독립을 위해 목숨을 바칠 각오를 했으나 독립운동이 감정에 치우쳐 폭력사태로 치닫는 것을 걱정하였다. 1919년 3월 1일 천도교의 보성사가 발행한 조선독립신문 1호는 이렇게 보도하였다.

> 민족대표들의 부탁. 조선민족대표들은 마지막 한 마디를 동지에게 남겼다. "우리들은 조선을 위하여 생명을 희생하니 우리의 신령한 형제들은 우리들의 간절한 뜻을 관철하여 언제까지든지 우리 2천만 민족이 최후의 1인이 남더라도 결단코 난폭한 행동이나 파괴적 행동을 하지 말기 바란다. 1인이라도 난폭한 파괴적 행동을 하게 되면 이는 영원히 구제할 수 없는 조선을 만드는 것이니 부디 주의하고 조심하라."(일부 문장 고침)

이 신문의 보도를 보면 당시 민족대표들이 삼일운동에서 폭력사태가 일어나는 것을 방지하려고 얼마나 맘을 많이 썼는지 알 수 있다. 감정에 치우쳐 폭력사태로 치닫게 되면 일제의 폭력적 탄압에 구실을 주고 민족의 희생만 커질 뿐이며, 서양의 문명국들에게 공감과 동정을 얻을 수도 없다고 생각했던 것이다.

그래서 삼일운동의 민족대표들은 〈독립선언서〉와 시위 지침을 전국에 전달한 다음에 태화관에 모여서 〈독립선언서〉를 읽고 만세를 부른 후 일본경찰에 알리고 스스로 잡혀갔다. 비겁하고 타협적이어서 이렇게 한 것이 아니다. 이들이 시위현장에 나가지 않은 것은 두 가지 이유가 있었다. 첫째, 독립운동에 앞장선 학생들과 민중을 자극하려고 하지 않았던 것이다. 고종의 갑작스런 죽음과 독살설로 민심은 크게 격양되어 있었다. 이런 상황에서 민족대표들이 시위 현장에 나가면 분위기가 고조되어 걷잡을 수 없는 폭력사태가 벌어질 염려가 있었다. 학생들과 민중이 차분하고 질서 있게 독립만세운동을 하도록 민족대표들은 시위 현장에 나가지 않았다. 둘째, 민중을 앞에서 이끌지 않고 민중이 스스로 앞장서도록 하려는 것이었다. 삼일운동의 가장 큰 특징은 지도자들이 앞장서지 않고 민중이 스스로 앞장서도록 겸허하게 호소한 것이다. 그래서 이들은 삼일운동의 준비는 체계적이고 조직적으로 완벽하게 했으면서도 시위현장에는 나가지 않았던 것이다. 지도자들이 앞장서지 않고 민이 앞장서서 일어나게 하려는 주의 깊은 배려와 계획이었다.

## 삼일운동의 전개와 실제

3월 1일, 29인(33인중 4명 불참)의 민족대표는 태화관에 모여 역사적인 독립선언식을 거행하였다. 이들은 만세삼창을 끝으로 선언식을 마친 후 일경에 연락하여 스스로 체포되었다. 이들이 점화한 삼일독립운동은 이후 요원의 불길처럼 국내 전역으로 확산되었고 중국, 러시아, 미국 등 한국인이 살고 있는 세계 곳곳으로 퍼져 나갔다.

3월 1일 오후 2시쯤 서울 탑동공원서 시작된 만세시위 군중은 질서를 철저히 유지했기 때문에 수십만 군중이 밤까지 거리를 누볐지만 한 건의 폭행 사건도 일어나지 않았다. 가장 평화적이고 비폭력적인 방법으로 우리 민족의 숙원인 독립의지를 표현했기 때문이다. 수만 명의 시위대가 '대한독립' 기를 앞세우고 '대한독립만세'를 외쳤다. 민족의 간절한 염원을 담은 시위대의 큰 함성과 기세는 시위에 참여한 모든 사람을 한마음, 한뜻으로 만들었으며 지축을 흔들고 온 나라를 격동시켰다. 3월 1일부터 5월 말까지 줄기차게 전국 곳곳에서 독립만세 시위운동을 벌였다.

삼일운동을 주도했다가 구속된 사람은 1만 8천여 명에 달했고 기소된 사람은 9,289명이었다. 민족대표를 포함해서 구속된 사람은 갖은 고문과 악형을 당했고 현장에서 학살된 사람도 많았다. 민족대표 47명은 내란죄로 기소되었다. 3월 1일 이후 5월 말까지 전국을 휩쓴 시위운동 상황을 보면 50명 이상이 참여한 집회 횟수 1,542회, 시위 참가자 202만 3,089명이고 그 해 말까지 진행된 시위의 참가자는 1천만 명에 달했다. 사망자 수 7,509명, 부상자 1만 5,961명, 검거자 5만 2,770명, 불탄 교회 47개소, 학교 2개교, 민가 715채나 되었다(일본 측 발표).


## 삼일운동의 역사적 의미


첫째, 민주운동이다. 삼일운동은 국민이 나라의 주인과 주체로 일어서도록 국민에게 호소하고 국민이 주체로 일어섰던 민주운동이다. 사람은 한울님을 모신 존재이니 사람을 한울님처럼 섬겨야 하고 사람이 곧 한울님이라는 동학의 가르침과 실천에서 삼일운동이 태동되었고 삼일운동에서 동학의 정신과 가르침이 실현되었다. 민 한 사람 한 사람을 주체로 일으켜 세우려는 신민회와 오산학교의 교육정신과 스스로 일어서는 민중정신이 삼일운동을 이끌었다.

과거의 의병운동이나 혁명운동에서는 이른바 지식인과 지도층이 앞장서서 민중을 동원하고 이끌었고 민중은 뒤에서 따라가는 존재였다. 그러나 삼일운동은 처음부터 민중을 나라의 주인과 주체로 여기고 민중에게 호소하는 운동이었고 민중이 스스로 일어나 움직임으로써 전국적이고 전 민족적인 운동이 되었다.

둘째, 대통합운동이다. 삼일운동은 모든 장벽과 차이를 넘어서 하나로 되는 대통합의 운동이다. 삼일독립운동은 기독교, 천도교, 불교의 인물들이 손잡고 일으켰다는 점에서 서로 다른 종교들의 협력과 연대의 모범이 된다. 또한 이전까지의 다양한 민족독립운동이 삼일운동에서 통합되었다. 독립협회와 신민회 계열의 기독교 민족운동과 동학 민중운동을 계승한 천도교가 단합하여 거족적으로 삼일운동을 일으켰다.

삼일운동을 통해서 민족의 대동단결이 이루어졌고 민족적 자신감을 크게 갖게 됐다. 계층, 지역, 성별, 종교 간의 장벽과 은둔, 자괴, 부정의 고정관념을 허물었다. 동학혁명운동과 민중교육운동이 합류하고 불교, 유교, 의병독립운동이 합류했다. 1920년대 이래 국외에서 독립군의 무장투쟁이 더욱 활발해졌고 국내에서도 1922년 한국YWCA가 창립되는 등 여성운동, 농민운동, 노동운동, 학생운동 등 독립운동 주체가 다양해지고 방법론도 다양해져서 독립운동은 새로운 국면을 맞게 되었다.

셋째, 비폭력 평화운동이다. 삼일운동은 비폭력 평화운동이었다. 동학혁명 이후 민중에게는 무기가 없었다. 삼일운동 과정에서 민중이 일으킨 폭력사태들은 일본 군경의 잔혹한 폭력과 살육에 대응해서 일어난 자연발생적 전개였다. 일본 군경의 총칼에 맞서 맨몸으로 질서 정연하게 평화적으로 시위를 벌인 삼일운동은 새로운 도덕과 정신을 앞세운 혁명운동이었다. 삼일운동은 제국주의 세력의 불의와 폭력에 맞선 정의와 평화의 운동이고 정복자의 억압과 탐욕에 맞선 자유와 진리의 운동이었다. 그것은 정복자의 차별과 수탈에 맞서 상생과 공존을 지향하는 운동이었다. 그것은 역사의 피해자가 가해자를 용서와 화해의 길로 초대하는 사랑의 운동이었다.

넷째, 세계평화운동이다. 삼일운동은 인류의 지성과 양심에 호소하며 새로운 세계평화시대를 지향한 운동이다. 정복과 착취를 일삼는 민족국가주의와 폭력주의를 거부하고 정의와 평화, 자유와 평등에 기초한 새 도덕과 정신을 가지고 상생평화의 세계를 추구했다는 점에서 세계문명사적 의미를 지닌다. 삼일운동은 인류적 양심과 세계 개혁의 큰 기운에 순응하면서 새 시대를 여는 운동이었다.

삼일운동이 한창이던 1919년 4월 6일 인도에서는 간디에 의해 비폭력·불복종 운동이 일어났고 5월 4일 중국에서는 반제국주의·반봉건을 외친 베이징 대학생들에 의해 5·4운동이 일어났으며, 6월 필리핀과 이집트에서는 마닐라 대학생들과 카이로 대학생들이 삼일운동과 유사한 운동을 연달아 일으켰다. 삼일운동은 20세기 초 아시아·아프리카 독립운동의 도화선이었다. 삼일운동은 당장 민족의 독립으로 이어지지는 않았으나 한민족 광복운동의 씨앗이 되어 이후 민족자주독립과 민주를 이루는 끈질긴 생명력으로 자라났다.

## 민주원칙

이제까지의 민중운동이 지식인 엘리트가 앞장서서 선동하고 민중이 뒤따르는 운동이었다면, 삼일운동은 민을 나라의 주인과 주체로 앞세우고 나라의 독립을 위해서 스스로 일어서도록 호소한 민주운동이다. 지식인 엘리트가 앞장서거나 주도하지 않고 민을 주인과 주체로 앞세운 운동이며, 민이 나라를 구할 주체로서 스스로 일어선 주체적이고 자발적인 민중운동이었다. 민이 주체가 되는 운동이기 때문에 이성적이고 떳떳한 평화운동이다.

조선왕조가 망하고 10년이 채 되지 못해서 삼일운동이 일어났으나 삼일운동을 통해서 민족의 정신과 의식은 군주적 신분적 봉건의식에서 민주의식으로 전환되었다. 이로써 한국사회는 군주 중심, 관官 중심의 의식에서 민이 중심이 되는 민주사회로 바뀌었다. 또한 민을 정치의 대상으로 삼는 민본정치에서 민이 정치의 주체가 되는 민주정치로 바뀌었다.

삼일운동을 통해서 민주공화정의 이념과 정신이 민족사회 안에서 확립되었다. 삼일운동과 관련된 문서들에서 왕과 왕조에 대한 언급이 나오지 않고 왕조사회로 돌아가자는 말이 나오지 않았다. 민족대표들 가운데 평민 출신이 많고 고관대작을 지낸 사람도, 저명한 사람도 없었다. 삼일운동을 통해서 군주사회에서 민주사회로 확실하게 이행했고 신분제 사회에서 자유롭고 평등한 사회로 바뀌었다. 삼일운동 이후에는 한국사회에서 군주제로 돌아가자는 주장이나 움직임이 없었다. 삼일운동은 민주정신의 근원이고 민주사회로 넘어가는 분수령이 되었다.


## 통합의 원칙


삼일운동은 나라를 되찾겠다는 한 가지 생각에서 온 겨레가 한마음, 한뜻으로 일어난 운동이다. 지역과 신분, 남녀노소, 종교와 정파의 차이를 넘어서 민족 전체가 하나가 되었다. 천도교, 기독교, 불교의 연대와 협력이 이루어졌고 무장혁명운동세력과 교육입국운동세력이 결합되고 근대화를 내세운 개화파와 반외세를 내세운 전통보수파가 손을 잡았다. 온 겨레가 민족의 자주독립과 세계정의를 위해 다 함께 일어섰다는 점에서 삼일운동은 통합과 일치의 상징과 현실이다.

더 나아가서 삼일운동은 단순한 정치사회운동이 아니라 종교와 정치를 통합하고, 도덕과 지성과 영성을 아우르고, 민족정신과 시대정신(세계정신)을 통합한 운동이다. 그 점에서 삼일운동은 단순한 정치사회운동이 아니고 단순한 역사운동이 아니었다. 그것은 도덕과 정신의 쇄신운동이고 정신과 영성의 혁명운동이다.

주체와 전체의 통일

삼일운동에서 민족의 한 사람, 한 사람이 나라의 주인과 주체로 일어섰다. 한 사람, 한 사람이 민족 전체의 자리에서 민족의 자주독립과 통일을 선언했다. 삼일운동에서 한민족은 한 사람 한 사람이 저마다 주체의 깊이에서 전체의 하나 됨에 이르렀다. 주체의 자유와 깊이에서 전체의 하나 됨에 이른 것은 생명과 인간의 본성과 목적을 실현한 것이다. 삼일운동에서 자연생명과 인류는 자신의 보편적 본성과 목적을 실현하기에 이른 것이다. 그런 의미에서 삼일운동은 자연생명진화의 역사와 인류의 역사가 나아갈 길과 방향, 이상과 목적을 보여 준 것이다.

# 2. 손병희와 이승훈의 정신과 사상

손병희는 3백만 천도교 교주로서 삼일운동을 계획하고 추진하고 조직한 주역이다. 그는 기독교와 불교 쪽 인사들을 참여시킴으로써 거족적인 삼일운동이 일어나게 했다. 이승훈은 기독교 쪽 민족대표 16명을 조직하고 결속시켰으며 박희도를 통해서 학생들의 독립운동 계획을 삼일운동에 통합시켰다. 손병희와 이승훈은 민족대표 33명을 대표하는 인물들이고, 거족적인 삼일운동을 태동시킨 주역이다. 이들의 정신과 신념이 삼일운동을 이끌었고 삼일운동에 반영되었다.

## 손병희의 정신과 사상

의암 손병희는 한국민족종교인 동학의 맥과 전통을 계승하여 삼백만 천도교도와 함께 삼일운동을 일으켰다. 천도교의 교주로서 그는 동학의 정신과 사상을 계승하여 발전시켰다. 사람마다 '한울님을 모시고'侍天主, '사람을 하늘처럼 섬겨야 한다'事人如天는 동학의 가르침과 '사람이 곧 하늘'人乃天이라는 그의 가르침은 한민족의 정신 속에 새겨져 있는 '한사상'을 오롯이 드러낸다. '한'은 '큰 하나'이며 '하늘'과 한민족을 함께 나타낸다. 한민족은 하늘을 모신 존재이고 서로 하늘처럼 섬겨야 하고 스스로 하늘을 우러르며 하늘이 되고 하늘이어야 한다. 한민족의 한사상, 동학의 시천주侍天主, 사인여천事人如天, 인내천人乃天의 정신과 사상이 손병희를 통해서 삼일운동에 반영되었다. 한사상과 동학의 가르침 속에 민족의 자주독립정신과 세계평화의 사명이 담겨 있다. 하늘을 품은 사람은 자유와 자주의 독립정신을 가질 수밖에 없고 온 인류와 함께 더불어 살면서 서로 살리는 삶으로 나아갈 수밖에 없다.

1898년 최시형이 죽고 동학의 교주가 된 손병희는 동학의 교세를 확장시키면서 개화파와 독립협회운동의 근대화론을 수용해서 동학의 진로 변화를 모색하였다. 독립협회 운동에 참여하고 있던 이종일과 개화파 인사였던 양한묵梁漢默, 장효근張孝根 등을 동학에 가입시켜 교세의 확장을 도모하고 이들로부터 개화사상을 수용했다. 1901년 정부의 탄압이 심해지자 일본으로 망명하여 일본에 망명해 있던 개화파 관료들인 오세창, 권동진, 박영효 등과 사귀면서 이들로부터 근대화론을 받아들였다.

　나라가 망해 가는 절박한 상황에서 손병희는 망해 가는 나라의 운명 앞에서 근심하고 걱정하는 데 머물지 않았다. 나라를 구하고 바로 세울 길을 구체적으로 모색하고 동학의 조직과 세력을 움직여서 정치적인 행동을 하려고 하였다. 일본에서의 경험을 통해서 손병희는 동학혁명의 무력항쟁 노선에서 민족교육운동으로 노선을 변경하였다. 그리하여 2차에 걸쳐 총 64명의 유학생을 선발하여 일본 유학을 주선하고 신문물에 대한 안목을 키우게 함으로써 민족의 동량棟樑을 육성코자 하였다. 또한 1904년에는 갑신개화혁신운동을 추진하여 교도들에게 단발을 지시하는 등 신생활운동을 전개해 간다. 러일전쟁을 전후해서 그는 한국정부를 개혁하고 정권을 잡을 계획을 세우기도 했다. 정치적인 구상과 계획이 뜻대로 되지 않자 1905년 동학을 천도교天道敎로 바꾸고 1906년 귀국해서 나라를 살려 나갈 근본적인 길을 찾아나갔다. 귀국한 그는 먼저 교단 안에 있던 친일세력을 몰아내고 교단의 세력을 확장하는 데 힘썼다.

　손병희는 개화파의 근대화론을 수용하고 독립협회의 교육입국운동을 이어받았다. 출판문화사업을 통해 구국의 길을 모색하던 그는 보성학교와 동덕여학교를 비롯해서, 수십 개의 남녀학교를 운영하여 교육 사업을 확대해 나갔다. 이로써 민족의 전통종교문화를 계승한 민중종교 동학은 애국계몽과 교육입국을 내세운 기독교의 개화독립운동세력과 삼일운동에서 합류할 수 있게 되었다.

1906년 일본 망명생활에서 돌아온 그는 교세확장에 힘쓰면서 나라를 구할 방법을 찾고 있었다. 1910년 8월 29일 한일합병 50여 일 전인 동년 7월 2일에 그는 일반 교도들을 모아 놓고 독립운동의 뜻을 피력했다. 천도교 내부에서는 1910년대 초부터 이종일이 천도교 구국단을 조직하고 민중봉기를 통한 독립운동을 전개할 것을 건의하고 있었다. 손병희는 이미 1902년부터 비폭력 독립운동의 방침과 전략을 생각해 왔다. 그는 독립운동을 위해서 교인들의 심신을 수련하는 데 힘썼다. 우이동에 신축된 봉황각에 전국의 교인 우수 지도자를 모아 놓고 한울님께 기도하고 심신을 단련하는 연성練性수련회를 1912년 4월 15일부터 시작하여, 1915년까지 3년 동안 일곱 차례 열고, '몸으로써 본성을 바꿈'以身換性을 강조하였다.

1차 세계대전이 끝나고 새로운 국제질서가 전개될 것을 예감한 손병희는 거족적 독립운동을 일으키기로 결심한 후 최린, 권동진, 오세창 3인을 참모로 하여 삼일독립운동을 추진했다. 1918년 12월 1일에는 서울 대교당 기공식을 갖고 동월 6일 전체 교인들에게 49일 특별기도회를 명하였다. 1919년 1월 5일부터 2월 22일까지 49일 특별 기도를 실시하도록 전국 교구에 시달하고 오후 9시에 일제히 촛불을 밝히고 기도식을 봉행하게 하였다. 이 전국적인 기도행사는 3월 1일의 큰일을 앞두고 전국 교인들의 독립정신을 고취하고, 굳은 의지를 갖도록 하는 준비운동이었다. 삼일운동은 종교의 깊이를 가진 것이고 영적 훈련을 통해 준비된 것이다.

손병희는 폭력적 민중시위의 경우 일제의 가혹한 탄압이 있을 것이며 또 서구 문명국들의 동정을 얻기 어렵다고 생각했다. 그래서 그는 평화적인 만세시위 방침을 정해 놓고 삼일운동에 참여했다. 천도교는 삼일운동의 계획과 준비를 주도하였고 기독교 측에 거사자금을 조달하는 등 운동자금을 전액 부담하였고, 선언문의 작성 인쇄 제작 배포를 전담하였다.[1] 그리고 천도교 내 조직뿐만 아니라 기독교, 불교의 연합을 이끌어냈다.

삼일운동에 즈음해서 손병희는 민주적인 국민국가를 세우려는 뜻을 분명히 가지고 있었던 것으로 보인다. 새 문명의 개벽사상과 함께 종교적 영성의 깊이를 가지고 민주공화정의 국민국가를 세우려고 했다는 점에서 그의 사상과 실천은 이전의 동학운동에서 한걸음 나아간 것이다. 그가 주도한 삼일독립운동의 영향은 국내외 각지에서 8개에 달하는 임시정부의 출현과 상해 임시정부로의 통합을 통해 그 결실을 맺게 되었고, 그 중 대한민간정부(기호지방)와 대한국민의회 정부에서 그를 대통령에 선임하였다. 그러나 옥고를 치르고 있었기 때문에 실제로 대통령직을 맡을 수는 없었다. 손병희는 1920년 경성복심법원에서 징역 3년형을 언도받고 옥고를 치르다가 1920년 10월 병보석으로 출옥하였으나 옥고의 여독으로 1922년 5월 19일 병사하였다. 당시 그의 나이는 62세였다.

## 이승훈의 인물과 정신

손병희가 큰 종단의 교주로서 생각하고 행동했다면 이승훈은 기독교의 한 신도로서 생각하고 행동했다. 이승훈은 평안도 정주에 오산학교를 설립하고 교육자로 살았다. 오산학교는 변방의 작은 사립학교에 지나지 않았다. 그는 큰 조직의 사람이 아니라, 개인 신앙의 사람이고 정신과 혼의 사람이었다. 그의 정신과 인격, 삶과 혼이 진실하고 비범했기 때문에 오산학교도 창조적이고 위대한 학교가 되었고 서로 다른 기독교 지도자들을 하나로 이끌어 삼일운동을 거족적인 운동이 되게 하였다.

### 삶과 인물

이승훈은 어떤 사람인가? 첫째, 심부름꾼이었다. 가난한 평민의 아들로 태어난 이승훈은 10세 때 부모와 조부모를 여의고 부잣집 방 심부름꾼으로 어린 시절을 보냈다. "저 아이는 내가 일을 시킬 수 없다. 일을 시키려고 하면 이미 일을 했거나 일을 하고 있다"[2]고 주인이 말할 만큼 그는 부지런하고 성실하게 심부름을 잘했다. 그는 남의 심부름꾼이었지만 남이 시켜서 억지로 하지 않고 스스로 할 일을 찾아 기꺼이 하는 심부름꾼이었다. 그는 평생 심부름꾼으로 살았다. 그는 노인이 되어서도 나라와 민중의 심부름꾼으로서 심부름을 잘하였다. 나라를 위해서 필요한 일은 스스로 찾아서 했고 옳은 일이면 기꺼이 앞장섰다.

둘째, 민주정신에 투철한 사람이었다. 그의 민주정신은 스스로 일어서는 자립과 주체의 정신이며 민중을 앞세우고 민중과 더불어 사는 민중정신이다. 그가 스스로 심부름을 잘한 것은 그의 민주정신을 드러낸다. 씨앗이 스스로 싹이 터서 무거운 흙을 뚫고 나오듯이 그는 어떤 역경과 시련에도 굴복하지 않고 하늘을 향해 스스로 일어서는 사람이었다. 또한 심부름꾼으로서 겸허히 자기를 낮추고 비우고 버릴 수 있는 사람이었다. 그는 한없이 겸허하여 누구에게나 마음을 열고 섬겼다. 절대 꺾이지 않는 자립과 주체의 인간이면서 남을 섬기기 위해서 하늘처럼 자기를 텅 비울 수 있는 사람이었다. 삼일운동을 일으키고 감옥에 들어가서는 출옥할 때까지 변기통 청소를 맡아서 하였다.

셋째, 정직하고 곧은 사람이었다. 그는 정직과 신의로써 장사를 했기 때문에 장사에 성공하고 큰 사업가가 될 수 있었다. 105인 사건과 삼일운동 때 혹독한 고문을 당하고 오랜 옥고를 치렀으나 꿋꿋이 견디고 이겨 냈다. 고문을 당하고 옥고를 치를수록 의지가 더 강해지고 굳세졌다. 옥고를 치를 때마다 그의 인격은 더 높고 단단해졌다. 고난과 시련을 당할수록 대줄기처럼 곧게 뻗어 나가는 이였다.[3]

넷째, 그는 죽음을 넘어서 사는 사람이었다. 어려서 부모와 조부모를 여의었기 때문에 일찍이 죽음을 깊이 느끼며 살았다. 젊은 시절 공동묘지를 지나면서 그는 "사람은 결국 다 이렇게 되는 것"임을 깨닫고 "나도 사람 노릇 해야겠다"고 굳게 다짐했다. 그는 언제나 자기를 버릴 줄 아는 이요 언제나 죽을 각오가 되어 있는 믿음의 사람이었다.

1919년 1월 하순경 중국 상해의 신한청년회서 평안도로 파송된 선우혁이 찾아와 그에게 국내에서 독립운동에 앞장설 것을 권했다. 안악安岳사건과 105인 사건으로 4년 2개월 동안 옥고를 치르고 나온 지 몇 해 되지 않아서 그의 몸에 고문 자국이 남아 있었다. 이승훈은 "안방에 누워서 죽을 줄 알았더니 내가 이제 죽을 자리를 찾았구나!" 하면서 기꺼이 독립운동에 나설 것을 다짐하였다. 삼일운동을 일으키고 나서 많은 사람이 감옥에 들어왔고 사형이 예상되었기 때문에 풀이 죽은 사람들이 있었다. 이승훈은 "우리가 죽을 각오도 없이 여기 들어왔다는 말이냐?" 하면서 젊은이들을 격려하고 위로하였다. 그는 살고 죽고 다시 살고 죽기를 거듭하였다.[4]

다섯째, 남김없이 바친 사람이었다. 그는 1907년 오산학교를 세운 다음에 학교 운영을 위해서 자신의 재산을 다 바쳤다. 학교 지붕이 새면 자기 집 기와를 벗겨다가 덮었고 기숙사에 쌀이 떨어지면 자기 집 양식을 가져갔다. 아내가 "우리는 무엇을 먹고 살아요?" 하고 물으면 그는 "우리는 선생들과 학생들 밥해 주고 얻어먹으면 되지" 하고 대답하였다. 죽음을 앞두고 그는 "내가 이제까지 나라를 위해 일한다고 했으나 한 일이 없다. 내 몸을 땅에 묻지 말고 표본으로 만들어 학생들 공부에 보

탬이 되게 하라"고 유언했다. 그러나 일본 경찰이 그의 시신을 빼앗아 화장해서 땅에 묻어 버렸다.[5]

여섯째, 섬기는 교육자였다. 어린 학생들에게 존댓말을 쓰고 학교의 궂은일, 험한 일은 스스로 하였다. 선생들은 나라를 위해 학생들을 가르치는 일에 힘쓰고 학생들은 나라를 위해 공부하는 일에 힘쓰도록, 마당 쓸고 변소 청소하는 허드렛일은 이승훈이 맡아서 하려고 했다.

그의 말년에 함석헌이 도쿄 유학을 마치고 돌아와서 오산학교에서 가르쳤다. 함석헌은 학생들과 함께 성경공부모임을 가졌다. 이승훈은 함석헌의 성경공부모임에 참여해서 함석헌의 말에 귀를 기울여 들었다. 겸허히 어린 제자의 말을 들어줌으로써 그는 함석헌의 정신과 혼을 붙잡을 수 있었다.

### 혼의 탄생지, 감옥에서 신앙정신을 닦아 내다

1910년 전후에 서북지역(평안도 황해도)에서는 신민회와 기독교를 중심으로 신문화운동을 통한 독립운동이 확산되고 있었다. 일제는 이 독립운동세력을 탄압하기 위해서 총독 데라우치 암살 미수사건을 조작해서 1911년 9월에 이승훈을 비롯 600명을 검거하고 105명에게 유죄판결을 내렸다. 이승훈은 이미 1911년 2월 안악 사건으로 구속되어 제주도에 유배되었다가, 9월 105인 사건에 연루되어 서울로 압송, 4년 2개월 동안 옥고를 치렀다가 1915년 2월 15일 특사로 출옥했다. 삼일운동 때는 1922년 7월 21일 가출옥함으로써 3년 4개월 동안 옥고를 치렀다.

그는 1908년쯤 기독교 신앙을 갖게 되었고 105인 사건으로 옥고를 치를 때는 학습을 겨우 마친 사람으로서 신앙생활의 초보자였다. 그는 옥중에서도 1913년과 1914년 2년 동안 순연히 신앙생활에 헌신하였다. 감옥에서 그는 성경읽기, 기도, 금식 등의 성스러운 생활, 수양생활을 계속하였다. 성경읽기와 기도는 중요한 일과로서 누구의 감시도 방해도 받음이 없이 조용히 이 생활을 계속할 수가 있었다. 민족운동에 대한 신념은 도산을 만나고 나서 굳어졌고 종교 신앙은 감옥 속에서 깊어졌다. 감옥이 남강의 혼의 탄생지였다. 남강이 성경을 여러 번 거듭 읽은 곳도 감옥이었고, 울면서 기도를 올린 곳도 감옥이었다.

그는 1915년 2월에 출옥한 후에 이런 고백을 하였다.

> 감옥에서 어떻게 그리 기쁜지 몰랐어. 곧 당신[하나님]이 내 머리 위에 계신 것 같아서. 여섯 사람 중에 내가 학습만 받았으니 제일 초신자인 모양인데 제일 위로를 받은 모양이야…… 전에는 믿는다는 것이 밤알을 껍질 채로 물고 어물거림과 같았는데 지금은 껍질을 벗겨서 먹는 것 같다.[6]

그는 삼일운동으로 3년 4개월의 옥고를 치르고 1922년 7월 21일에야 민족대표 33인 가운데 가장 마지막 사람으로 가출옥하였다. 그는 105인 사건 때와 마찬가지로 이때의 감옥 생활에서도 성경을 읽고 깊은 신앙 체험을 하였다. 평양신학교에서 신학공부를 하던 그는 감옥에 들어와서 자신의 사명을 새롭게 깨달았다. 그는 자신의 사명이 목사가 되어 목회하는 데 있는 것이 아니라 이 민족을 위한 교육과 산업을 발달시키는 데 있다는 것을 깨달은 것이다. 가출옥할 때 〈동아일보〉 기자와 한 인터뷰에서 그는 옥중에서 깨달은 소명과 포부를 다음과 같이 밝히고 있다.

> 나는 감옥에 들어간 후에 이천 칠백여 페지나 되는 구약을 열 번이나 읽었고 신약전서를 사십 독을 하였소. 그 외 기독교에 관한 서적 읽은 것이 칠만 페이지는 될 터이니 내가 평생에 처음 되는 공부를 하였소. 장래 나의 할 일은 나의 몸을 온전히 하나님에게 바쳐서 교회를 위하여 일하는 것이오. 그러나 나의 일할 교회는 일반 세상 목사나 장로들의 교회가 아니오. 나는 하나님이 이제부터 조선민족에게 복을 내리시려는 그 뜻을 받아서 동포의 교육과 산업을 발달시키려고 하오.[7]

죽기 며칠 전에 오산학교 동창회에서 이승훈의 동상을 세우고 전국의 수많은 인사들과 학생들이 모여 동상 제막식을 하였다. 그는 그 자리에서 이렇게 말했다. "나는 불학무식한 사람입니다. 내 뒤에 있는 물건[동상]처럼 나는 아무것도 모르는 사람입니다. 내가 여기까지 온 것은 하나님께서 이끄셨기 때문입니다. 하나님께서 이제까지 이끌어 주신 것처럼 앞으로도 이끌어 주실 줄 믿습니다."[8]

### 교육입국운동, 오산학교와 삼일운동

기업인으로 크게 성공했던 그는 1907년에 열네 살 아래인 안창호의 강연을 듣고 나서 나라를 되찾고 바로 세우는 일에 몸과 맘을 바치게 되었다. 안창호의 영향으로 그는 신민회에 참여하여 독립협회와 만민공동회의 맥과 전통을 잇고, 자주독립과 교육입국의 이념과 정신을 실현하기 위해 헌신하였다. 안창호를 비롯한 신민회의 많은 동지들이 망명한 다음에도 그는 이 땅에 남아서 애국계몽운동과 민중교육운동의 맥과 정신을 계승하고 실천했다.

독립협회와 만민공동회로부터 신민회와 오산학교에 이르는 한국의 애국계몽운동과 민중교육운동은 서양의 계몽운동과는 두 가지 점에서 달랐다.

첫째, 서양의 계몽운동은 지식인 엘리트들이 무지몽매한 군중을 깨워 일으키는 것이다. 지식인 엘리트는 계몽의 주체이고 무지몽매한 군중은 계몽의 대상일 뿐이다. 그러나 한국의 계몽·교육운동은 민중을 나라의 주인과 주체로 보고 나라를 구할 주체로서 깨어 일어나도록 호소하는 운동이었다. 지식인들이 겸허하게 민중에게 호소하면서 민중을 나라의 주인과 주체

로 깨워 일으켰다. 민중은 계몽과 교육의 대상이 아니라 주체로
서 높여졌고 지식인은 겸허하게 섬기는 자리에 섰다.

둘째, 서양의 계몽운동은 중세봉건사회의 기독교적 의식과
관행, 교리와 전통을 비판했으므로 반종교(기독교)적 성격을 지
녔다. 서양의 근대적 계몽과 정치해방운동은 반종교적이고 합
리주의적이었다. 이에 반해 한국의 계몽·교육운동은 기독교인
들과 천도교인들이 주도하였다. 따라서 한국의 계몽·교육운동
은 민주적이고 이성적 성격을 가지면서도 종교적 성격과 바탕
을 가지고 있었다. 합리주의적 관점에서 보면 불완전하고 불투
명하게 보일지 모르지만 한국의 계몽·교육운동은 종교적 삶의
깊이와 이념의 높이를 지니고 있다.

한 사람, 한 사람을 나라의 주인과 주체로 깨워 일으킨 믿
음의 사람 이승훈은 주체의 깊이에서 민족 전체의 하나 됨을
이루려 했다. 주체의 깊이에서 민족 전체의 하나 됨을 이루려
했던 그의 열망은 오산학교와 삼일운동에서 실현되었다. 오산
학교는 깊은 믿음과 과학적 진리와 민족애가 하나로 녹아드는
용광로와 같은 작은 사립학교였다. 조만식, 여준, 홍명희, 이광
수, 유영모, 함석헌이 오산학교에서 가르쳤으며, 김소월, 백석,
이중섭, 주기철, 한경직, 함석헌을 학교가 길러 냈다. 안창호와
이승훈의 교육정신과 이념이 사무쳤던 오산에서 유영모와 함
석헌은 스승과 제자로 만났고 씨올사상을 닦아 냈다.

# 3. 유관순과 아우내 독립만세운동

　　유관순은 민족정신의 화신이다. 이름 없는 순수하고 어린 소녀였기에 그를 통해서 민족정신과 정기가 오롯이 드러나고 표현되었다. 아우내 독립만세 사건은 이름 없는 민중이 일으킨 삼일운동의 대표적 사례다. 이름 없는 민중이 자발적이고 주체적으로 일으켰기 때문에 아우내 독립만세운동은 삼일운동의 중심과 꼭대기가 될 수 있고 민족정신과 정기를 가장 잘 드러내는 사건이 될 수 있었다. 유관순과 아우내 독립만세운동을 깊이 들여다봄으로써 삼일운동의 정신과 기운을 함께 느낄 수 있다. 이하 내용은 《삼일운동의 얼 유관순》(이정은 저, 역사공간, 2000)을 인용하고 참고한 것이다.

## 유관순의 삶과 정신은 어떻게 닦였는가?

유관순이 태어나 자란 고장은 충청도忠淸道 목천木川 고을이
었다. 그의 마을은 용두리龍頭里라고도 하고 지렁이골, 지령리芝
靈里라고도 했다. 그 땅은 알게 모르게 유관순에게 충직하고 맑
은 정신과 기운을 불어넣었을 것이다. 그러나 목천 고을은 삼
국시대 이래 세력 다툼의 요충지여서 늘 지배자가 바뀌는 곳이
었다. 지배자에게 충성을 바칠 수 없는 불안한 반골의 땅이었
다. 왕건이 고려를 세우고 이 지역 이름을 천안天安, 하늘의 평안
이라 지었다. 그러나 왕건에 대해서도 여러 차례 반란을 일으킬
정도로 부당한 권력에 대한 저항과 거부의 정신과 기풍이 전해
오는 곳이었다.

유관순의 집안은 가난했지만 강인하고 곧은 가풍을 가지
고 있었다. 유관순은 사내처럼 꿋꿋하고 활달하였다. 키 크고
강인했던 관순은 놀이를 할 때는 우두머리 기질을 보였고, 유
쾌하고 활력 있는 아이였다. 그는 작은 일에도 지극 정성을 다
하며 부모에게 순복하는 바르고 곧은 아이였으나, 옳지 않다고
생각하는 일이면 어른의 말이라도 결코 듣지 않았다.

그는 어린 시절 지령리교회에서 배우며 놀았다. 어른들이
성경을 읽고 말하는 것을 보고 들으며 스스로 한글을 깨우쳐
서 성경을 읽고 많은 성경구절들을 외웠다. 1907년 관순이 다
섯 살이었을 때 일본군이 의병들이 지나갔다고 해서 지령리교

회를 불태웠다. 같은 해 전국적으로 국채보상운동이 크게 일어
났고 지령리교회도 국채보상운동에 적극 참여했다. 이런 마을
의 분위기 속에서 민족정신과 신앙정신이 싹이 트고 자라났다.

1915년에 관순은 이화학당 보통과에 들어갔다. 학교에서 학
비를 대주는 교비생으로 기숙사에서 생활하며 공부하였다. 이
화학당에서 공부하는 동안 학교 가까이 있었던 정동교회에서
신앙생활을 했다. 관순이 이화학당에 입학할 무렵에 유명한 독
립운동가 손정도 목사가 정동교회에 부임했다. 그는 후에 상해
임시정부의 의정원 의장을 지냈고 만주에서 나라의 독립을 위
해 헌신하다가 죽은 지도자였다. 그는 나라 사랑과 하나님 사
랑을 함께 말하고 민족체험과 성령체험을 함께 강조한 위대한
신앙인이었다. 관순은 손정도 목사의 설교와 가르침을 3년 동
안 들으며 자신의 정신과 인격과 신앙을 세웠다.

손정도를 이어 정동교회를 맡은 이는 이필주 목사였다. "예
수와 함께 죽고 예수와 함께 다시 산다"는 기독교 신앙의 핵심
을 체험한 이필주는 죽을 각오를 하고 죽음을 넘어서 사는 삶
을 강조하였다. 이필주는 삼일독립운동의 33인 민족대표 가운
데 한 사람으로서 독립운동에 헌신하였다. 관순은 이필주 목사
의 설교와 가르침을 듣고 생사에 자유롭고 죽음을 두려워하지
않는 말들을 자주 해서 학생들의 나무람을 듣기도 하였다.

유관순은 삼일운동이 일어나자 다섯 명의 결사대를 조직하
고 친구들과 함께 적극적으로 참여했다. 3월 1일 오후 2시 파고

다 공원서 만세시위운동이 시작되었고 밤늦도록 수만 명이 대한독립만세를 외치며 서울 거리를 함성으로 가득 채웠다. 이날 하루 서울은 식민지가 아니라 해방의 도시였다.

유관순은 3월 5일 서울에서 열린 학생 시위운동에도 참여했다. 1만여 명의 시위대는 '대한독립' 기를 앞세우고 '대한독립만세'를 외쳤다. 이들의 함성과 기세는 지축을 흔들고 온 나라를 격동시켰다.

이날 유관순은 학생들과 함께 경무 총감부로 잡혀갔다. 외국인 선교사들의 강력한 항의를 받은 일본 경찰은 다시 시위에 참가하지 못하도록 학생들을 포승줄에 묶어서 선교사들에게 인도하였다. "유관순을 비롯한 이화학당 학생들은 포승줄에 두 손을 묶인 채 학교로 잡혀왔다. 이들이 입었던 몇 겹의 저고리는 예리한 칼날에 잘린 듯 너덜거렸다." 일제의 총칼로 위협하고 두 손을 포승줄로 묶었으나 유관순의 독립의지는 꺾을 수 없었고 자유로운 영혼은 묶을 수 없었다.


아우내 독립만세사건의 전개와 의미


3월 10일 일제는 학교에 휴교령을 내렸고 유관순은 고향에서도 독립만세운동을 벌이기 위해서 13일 고향으로 내려갔다. 그가 만세운동을 추진하기 전에 목천 지역에서는 이미 만세운동이 일어나고 있었다. 3월 14일에는 목천 보통학교 학생 120명이 "대한독립만세!"를 부르며 읍내를 누볐다. 20일에는 광명보통학교 교사 학생들이 입장 장날에 만세시위를 벌였다. 직산 금광회사 앞 광장에서 울려 퍼진 만세 소리는 온 마을을 진동시켰고 마을 주민 수백 명이 학생들과 합세해 10리길을 걸어 장터로 나아갔다. 기마병들이 몽둥이를 휘두르며 달려들어 많은 사람이 피를 흘리며 쓰러졌다. 28일 아침에는 금광회사 광부들 200여 명이 곡괭이를 들고 입장 장터로 행진하고 무력 진압하는 헌병주재소에 쳐들어가 무기 탈취를 시도하고 전화선을 절단하는 등 격렬한 시위를 벌였으며 3명이 숨지고 6명이 부상당했다.

3월 29일 천안 읍내에서는 약 3,000명의 군중이 태극기를 흔들고 독립만세를 부르며 시가지를 행진했다. 30일 입장면 입장에서 300여 명이 다시 시위운동을 벌였고 풍서면 풍서리 주변의 산 20여 곳에서 횃불을 올리며 만세시위를 벌였다. 그중 200여 명은 풍서리 시장에서 시위행진을 했다.

3월 30일 저녁 김교선, 홍일선, 이순구, 박영학, 한동규 등은 발산리 마을 뒷산에 올라가 산에 횃불을 놓고 소리 높여 "대한독립만세!"를 연달아 외쳤다. 자정이 지나도록 발산리 산위의 횃불이 꺼지지 않고 계속 타오르자 여기저기서 호응하는 횃불이 피어오르기 시작했고 먼 데서도 만세 소리가 들려오기 시작했다. 발산리 산 위에서는 새벽까지 횃불을 올리며 만세를 불렀다.

## 아우내 만세운동의 준비와 전개

16일 지령리교회의 주일 밤 예배가 끝난 후 유관순은 아버지 유중권, 숙부 유중무, 속장 조인원 등 20여 명 앞에서 서울에서 일어난 삼일운동 상황을 자세히 설명한 다음 시위운동에 나설 것을 촉구했다. 조인원을 중심으로 아우내 장날인 4월 1일(음력 3월 1일)에 독립만세운동을 조직하고 추진하기로 하였다. 유관순은 독립선언서를 구하기 위해 다시 서울에 다녀왔고 태극기를 그리는 일에 앞장섰으며 연락하는 책임을 맡았다. 아우내 독립운동을 조직하고 준비하기 위해서 유관순은 보름 동안 수백 리 길을 혼자 걸었다. 사람들은 밤 12시, 새벽 3~4시에 개가 짖으면 유관순이 오나 보다고 했다.

31일 밤에 유관순은 동생 관복과 친척 유제한에게 미리 준비해 둔 여러 자루의 홰를 들려 매봉산 꼭대기로 올라갔다. 횃불을 들자 매봉산을 중심으로 일곱 산에서 불길이 올랐다. 거의 같은 시각에 멀리 있는 다른 산들에서도 동서남북 24개의 횃불이 타올랐다. 내일의 거사를 확인하는 횃불이었다.

아우내 독립만세운동은 조병옥과 조병호의 아버지 조인원을 중심으로 조직되고 추진되고 전개되었다. 지령리교회의 속장이었던 조인원은 지령리교회를 중심으로 아우내 독립만세운동을 조직하고 준비하였다. 조인원과 지령리교회 사람들이 아우내 만세운동을 주도한 것은 사실이다. 그러나 그들도 아우내 만세 운동의 한 지류에 지나지 않았다. 수신면 발산리 마을 사람들은 독자적으로 4월 1일 아우내 독립만세운동을 조직하고 준비하였다. 이들은 김교선을 통해서 조인원과 연결되었고 지령리 사람들과 함께 아우내 독립만세운동을 이끌게 되었다. 그 밖에도 이곳저곳에서 이심전심으로 아우내 장날의 만세운동을 준비한 사람들이 있었고 이들은 적극적으로 아우내 만세운동에 참여하였다. 조직적으로 준비하고 참여하지 않았다고 해도 독립만세운동을 벌이고 싶은 심정과 의지를 가진 사람들이 많이 있었다. 작은 냇물들이 한데 모여 큰 강물을 이루듯이 천안 지역의 사람들은 자연스럽게 아우내 장터로 모여들어 독립만세운동을 일으켰다.

이미 천안 지역에서는 학생 시위, 노동자 시위, 봉화 시위 등 여러 형태로 독립만세운동이 일어났다. 천안에서는 이미 3,000명이 참여한 독립만세 시위가 일어났다. 아우내 독립만세 시위는 이 모든 시위운동들을 통해서 준비되고 고양되고 무르익어서 일어난 결정적이고 치열한 운동이었다. 이제까지는 죽은 사람이 많지 않았고 부상자들도 많지 않았다. 아우내 독립만세운동에 참여하려는 사람들의 맘은 독립정신과 의지로 한껏 고양되어 있었다. 일본 헌병들도 몇 차례의 시위사건을 경험하고 나서 단단히 준비하고 있었다. 그래서 긴장이 고조되어 있었다. 서울의 만세시위 때도 그랬듯이 유관순은 옷을 세 벌 껴입었다. 만약의 경우 재빨리 겉옷을 벗고 피신하기 위해서였다.

아우내는 말 그대로 여러 개의 냇물을 아우르는 큰 냇물이라는 말이다. 아우내 만세운동도 지령리교회의 사람들뿐 아니라 다른 여러 지역의 사람들이 함께 모여서 큰 흐름을 형성한 만세운동이다. 일제의 자료에서 3,000여 명이 모였다고 했지만 실제로는 이보다 훨씬 더 많은 수의 사람들이 만세운동에 참여했을 것이다. 아우내 만세운동의 큰 물결 속에서 유관순은 하나의 물방울에 지나지 않았다. 그러나 유관순은 누구보다 순수하고 사무친 심정으로 아우내 만세운동에 참여했다. 그는 이미 서울에서 수만 명이 모인 만세시위운동에 두 차례나 참여하였다. 그는 어린 시절부터 민족에 대한 사랑과 독립의지를 키워왔고 이화학당과 정동교회서 민족애와 독립을 위한 높은 정신과 사상을 배우고 익혔다. 그는 어렸지만 누구보다 깊은 정신과 높은 뜻을 품었고 순결하고 뜨겁고 강인한 심정과 의지를 지니고 있었다. 관순은 아우내 독립만세운동의 중심과 선봉에 설 준비와 각오가 되었고 그럴 자격을 가지고 있었다.

4월 1일 아우내 장날 정오가 조금 지날 무렵 발산리의 김교선, 홍일선 등은 장터 입구에 서서 장터로 들어오는 이들에게 "오늘 독립만세를 부릅니다"라고 속삭였다. 사람들은 놀라지 않았다. 독립만세운동이 서울에서부터 전국에서 일어나고 있다는 소식을 들었기 때문이다. 유관순은 다른 동지들과 함께 옷 속에 태극기를 감추고 있다가 길목에서 사람들에게 나누어 주었다. "감추어 가지고 있다가 큰 태극기가 보이면 그때 꺼내세요"라고 하면서.

오후 1시쯤 3,000여 장꾼들이 시장거리를 뒤덮었다. 조인원이 긴 대나무 장대에 매단 큰 태극기를 장터 한가운데 세웠다. 동지들이 깃대를 붙잡았다. 군중도 일제히 태극기를 꺼내들었다. 기골이 장대하고 의기가 넘치는 56세의 장년 조인원이 장터 한가운데 쌓은 쌀가마 위에 올라섰다. 그는 우렁찬 목소리로 삼일독립선언서를 낭독했다. 시끌시끌하던 장내는 물을 끼얹은 듯이 조용해졌다. 낭독을 마친 조인원이 두 손을 높이 들고 "대한독립만세!"를 외쳤다. 그러자 군중의 만세 소리가 온 천지를 뒤흔들었다. 6개월 후 조선군 사령관이 일본 육군대신에게 보낸 보고서에 따르면 이 시위로 조선인 61명이 부상했고 그 가운데 18명이 사망했다.

### 유관순의 고난과 죽음

유관순은 법정에서 만세운동 당시를 이렇게 회고했다. "우리 부친도 살해되었는데 헌병이 군중에게 발포하려고 총을 겨누었을 때 나는 쌍방을 제지하기 위해 헌병의 총에 달려들었다." 아버지를 포함해 19명이 살해되고 30여 명이 중상을 입고 피를 흘리는 긴박하고 처절한 상황에서 더 이상의 유혈을 방지하기 위해 발포하려는 헌병의 총구 앞으로 달려들어 몸으로 막았다는 것이다.

유관순은 아우내 독립만세운동에서 앞장서서 독립만세를 외치며 치열하게 싸웠지만 현장에서 잡히지는 않았다. 그는 껴

입고 온 노랑 저고리와 남색 치마를 벗어 버리고 흰색 저고리에 검정 치마 차림을 한 채 인가로 달아났다. 얼마 후에 동리로 돌아온 유관순은 주동자 체포를 위해 혈안이 된 수색조에 의해 체포되었다. 미국동포 신문인 〈신한민보〉에 따르면 유관순은 각지로 돌아다니며 독립운동을 계속하다가 발각되어 중상을 입고 붙잡혔다. 아우내 만세시위 때 일제 헌병의 총검에 찔려서 입은 상처는 끝내 낫지 않고 유관순이 죽음에 이르는 한 원인이 되었다. 유관순과 아우내 만세시위 주도자들은 법정에서도 독립만세운동을 이어갔다. 유관순, 조인원, 유중무, 박봉래 등 11명이 재판을 받았다. 조인원은 "모든 것은 내 책임 아래 진행되었다. 다른 사람은 죄가 없다"고 주장했다. 유관순과 유중무도 그렇게 주장했다. 유관순은 법정에서 다음과 같이 말했다. "제 나라를 되찾으려고 정당한 일을 했는데 어째서 무기를 사용하여 내 민족을 죽이느냐? 왜 제 나라 독립을 위해 만세를 부른 것이 죄가 되느냐? 왜 평화적으로 아무런 무기를 갖지 않고 만세를 부르며 시가를 행진하는 사람들을 총질을 해대어 아버지, 어머니를 비롯하여 무고한 수많은 목숨을 저리도 무참하게 빼앗을 수 있느냐? 입이 있어도 말을 할 수 없으며, 귀가 있어도 들을 수 없으며, 눈이 있어도 볼 수 없는 이 지옥 같은 식민지 지배에 죄가 있는 것 아니냐? 자유는 하늘이 내려준 것이며, 누구도 빼앗을 수 없다. 무슨 권리로 신성한 인간의 권리를 빼앗으려 하느냐?"

　　17세 소녀라고 보기에는 너무나 논리정연하고 당당한 유관순의 주장에 일본 재판관들은 할 말을 잃었다. 그래서 재판장은 "피고인들은 신성한 대일본제국의 법정을 모독했다"고 주장할 뿐이었다. 공주지방법원은 유관순, 유중무, 조인원 세 사람에게 징역 5년을 언도하였다. 민족대표였던 손병희와 이승훈이 징역 3년을 언도받았고 수신면과 성남면의 지도자 김교선, 한동규 등이 징역 2년을 선고받은 것에 비하면 지령리의 인사들이 받은 징역 5년은 매우 높은 형량이었다. 이들이 높은 형량을 선고받은 까닭은 아우내 만세시위의 주동자였을 뿐 아니라 재판정에서 조금도 굽힘없이 조선 독립의 정당성을 계속 주장했기 때문이다. 나이 어린 유관순은 5년 징역형을 받았을 뿐 아니라 조인원과 유중무를 제치고 첫 번째 피고로 경성복심법원 판결문에서 지목되고 있다.

　　유관순과 조인원과 유중무는 법정에서 독립정신과 의지를 떳떳하고 당당하게 표현하고 주장하였다. 아우내 장터의 독립만세운동은 법정에서도 이어진 것이다. 이들뿐 아니라 아우내 독립만세운동에 참여한 이들은 김교선, 이순구, 김상훈, 박봉래 등을 포함해서 한결같이 복심법원과 고등법원에 상고하면서 조선 독립의 정당성을 주장하였다. 조선민족으로서 정의와 인도에 기초하여 의사를 표명했는데 유죄판결을 내린 것은 부당하므로 복종할 수 없다는 것이다.

　　유관순은 항소한 끝에 경성복심법원에서 징역 3년을 언도

받고 상고를 포기한 후 서대문 감옥에서 수형생활을 했다. 그가 상고를 포기하자 유중무와 조인원은 법정싸움도 독립운동의 하나라면서 상고하도록 설득하고 타일렀다. 그러나 유관순은 단호하게 말했다. "삼천리 강산이 어디면 감옥이 아니겠습니까?" 아우내 만세시위로 유관순의 부모는 죽고 오빠는 공주 영명학교의 만세시위로 감옥에 갇혔다. 할아버지는 만세시위가 일어난 후 두 달이 지나서 죽었다. 유관순에게 면회를 오는 사람은 아무도 없었고 소식을 전해 주는 사람도 없었다.

### 서대문 감옥생활과 투쟁

서대문 감옥은 500명이 정원이었으나 삼일운동으로 손병희, 이승훈을 비롯한 많은 사람들이 수용되어 기결수, 미결수를 포함해서 수용된 인원이 3,000명이 넘었다.

삼일운동이 진행되던 약 한 달 동안 독립운동가들은 서대문 감옥 뒷산과 앞산 높은 곳에 올라가서 낮에는 태극기를 흔들고 밤에는 봉화를 올려 서대문 감옥에 수감된 독립 운동가들을 격려하고 용기를 북돋웠다. 당시 서대문 감옥의 전옥이었던 가키하라 다쿠로는 당시 상황을 다음과 같이 회고했다. "교회당이나 공장에도 철망을 둘러서 감방으로 대용하는 궁책을 취했으나 흥분한 재감자 중에는 방 안에서 큰 소리로 독립운동의 연설을 하면 박수로 공명하고, 그 혼잡은 도저히 비유할 수 없는 상황이며 게다가 감옥의 앞과 뒤의 고봉에 독립운동자가 올라가서 낮에는 한국기를 흔들고 밤에는 봉화를 올려서 재감자를 선동하는 일이 날마다 밤마다 연속되어 한 달 이상이나 계속되었다".

여자 감방은 지하 감방으로 1호부터 17호까지 있었고 유관순은 '1933'이라는 번호표를 달고 8호 감방에 수감되어 있었다. 독방도 4개 있었는데 가로세로 1미터 정도의 좁은 방이었다. 감옥에서 만세운동을 벌여서 징벌을 받을 때는 지하 감방 취조실에서 취조를 받고 독감방으로 돌아와 대기하였다. 이때는 밥도 주지 않고 굶기기 일쑤였다. 감옥 안의 주식은 쌀 10퍼센트, 조 50퍼센트, 콩 40퍼센트의 혼식이었다. 콩밥 한 덩이와 소금, 물, 무장아찌 두어 쪽이 전부였다. 이와 같은 급식과 가혹한 수감생활로 항일지사 대부분은 옥고 1년만 지나면 심한 병을 얻고 고문 후유증으로 반신불수가 되기 십상이었다.

8호 감방에 함께 수감되었던 어윤희에 따르면 관순은 동생들 걱정을 많이 했다. "어머니 아버지께서 돌아가셨는데, 내 동생들도 암만 생각해도 죽은 것 같아요." 밥을 줄 때마다 간수는 훈화랍시고 온갖 모욕과 학대를 했다. 감옥의 높은 담과 쇠창살, 그 안에서 가해지는 비인간적인 학대도 유관순의 의지를 꺾지는 못했다. 그는 감옥에서 수시로 "대한독립만세!"를 외쳤다. 다른 감방에서도 이에 호응하곤 했다. 그러고 나면 분위기가 술렁술렁거렸다. 그때마다 유관순은 끌려 나가 발길로 차이고 모진 매를 맞았다. 이화학당의 선생이었던 박인덕은 유관순이 저러다 죽겠다고 생각해서 만세운동을 중단하도록 권유했다. "만세 부르는 것도 좋으나 몸만 상하고 효과는 적으니……뿐만 아니라 동지들의 신상에도 관계가 되는 것이니 제발 만세를 그만 불러라." 간곡한 권고를 받은 관순은 그제야 만세 부르는 것을 그쳤다. 그러기까지 관순의 몸은 구타와 고문으로 망가져 있었다.

박인덕은 어느 날 밤 고요한 감옥 안을 울리는 유관순의 울부짖음을 들었다. "왜놈들이 우리 어머니, 아버지, 오빠를, 우리 마을 사람들을 죽였어요. 모든 것을 빼앗아 갔어요." 그 흐느낌과 울부짖음은 듣는 사람들의 애간장을 도려내는 듯하였다. 관순은 항상 허리를 감싸 안고 고통스러워했다. 아우내 만세시위 때 창에 찔린 곳에서 계속 고름이 흘러나왔다. 게다가 수시로 매를 맞고 고문을 당하여 몸이 성할 날이 없었다. 어윤희는 당시 상황을 이렇게 전한다. "그때 감옥에서 유관순이는 너무 매를 맞고 고문을 당해서 죽었어요. 다리를 천정에 끌어올려 매고 비행기를 태우고…… 물을 붓고……."

같은 감방에 있던 한 여성이 아기를 낳고 돌아왔다. 추운 날씨로 기저귀가 마르지 않자 관순은 뻐걱뻐걱 언 기저귀를 제 몸에 감아 차고 녹여서 주었다. 먼 훗날 어윤희는 유관순에 대해서 이렇게 회고한다. "그 안에서 일을 하는데 관순이가 모든 사람들한테 순진한 마음으로 대하면서 일했습니다. 모자 같은 것을 짜고 셔츠 같은 것을 뜨고 너무 충직스럽게…… 하나를 뜨더라도 성의껏 일을 해서 모든 사람한테 신임을 받았습니다. 어린애가 무슨 일이든 충직하고 책임감 강하고……. 나는 유관 순같이 충직하고 책임감 강하고 의에 사는 그 같은 순진한 사 람을 다시 찾지 못하고 이때까지 지냈습니다." 착하고 순진하고 충직하며 책임감 강하고 의에 살았던 유관순은 한국민족정신 의 모범이며 공인의 전형이다.

박인덕의 권고를 듣고 독립만세를 부르는 일을 자제하고 있 던 유관순은 삼일운동 1주년이 다가오자 감옥 안에서 만세운 동을 벌이기로 하고 뜻을 모았다. 관순은 17개 여자 감방에 연 락하여 만세운동을 벌이기로 했다. 1920년 3월 1일 오후 2시 유관순이 있는 8호 감방에서 만세소리가 터져 나왔다. "대한독 립만세!" 만세소리는 감방마다 연쇄 폭발을 하듯 터져 나왔다. 감옥 안에서 유관순이 선도하여 일으킨 삼일운동 1주년 기념 옥중만세시위에는 3,000명이 넘는 수감자들이 호응했다. 이들 이 소리 높여 외치는 만세 소리와 변기 뚜껑으로 철판을 두드 리고 발길로 문짝을 차는 소리로 감옥 안은 떠나갈 듯했다. 이 들의 시위 열기는 감옥 밖으로도 퍼져 나갔다.

8호 감방의 수감자 7~8명이 서로 자기가 만세운동의 주도 자라고 나섰으나 간수는 유관순을 지목하였다. 감옥 안의 만세 운동은 이번이 처음이 아니었다. 몇 번 이런 일이 있었고 그때 마다 유관순이 주동하였다. 언젠가 관순은 여간수에게 "사천 년 역사를 가진 우리가 삼천리 금수강산을 빼앗기고 그 압제와 구박 속에서 그대로 죽여 줍시오 하고 있어야 옳단 말이오?"
하고 대들며 싸우기도 했다. 이날도 유관순은 끝까지 대들다가
구타를 당해 의식을 잃기도 했다. 얼마나 발길로 찼는지 방광
이 부서졌다. 유관순은 이날 구타로 방광 파열상을 입고 광목
이불을 둘러쓰고 드러눕게 되었다.

## 죽음과 삶

일본 정부는 1920년 4월 28일 왕세자 영친왕과 일본 왕실
의 니시모토 마사코의 결혼을 계기로 약 5,000명의 한국 정치
범에 대해 사면령을 발표했다. 유관순은 형기의 2분의 1을 감
형받고 1921년 1월 2일에 출옥할 예정이었다. 그러나 유관순의
몸은 깊은 상처와 굶주림과 외로움으로, 무자비한 구타와 고문
으로 죽어 가고 있었다. 삼일운동 1주년을 맞아 감옥서 독립만
세운동을 주도한 다음에 당한 고문과 발길질로 그의 몸은 돌
이킬 수 없게 파괴되었다.

오빠 유우석과 월터 이화학당장 서리, 공주감옥에서 재판
받을 때 함께 지냈던 김현경(이화학당 보육과 학생)이 서대문 감
옥 병감 면회실에서 유관순을 보았을 때 유관순은 병색이 완
연했다. 얼굴은 퉁퉁 붓고, 전신은 퍼렇게 멍이 들어 있었다. 걸
음도 잘 걷지 못하는 유관순의 손을 유우석과 월터 선생이 잡
자 맞잡은 손의 자국이 그대로 눌린 채로 있고 다시 제 모습으
로 돌아오지 않았다. 손가락으로 눌러 만져 보니 살이 썩어서

손에서 피가 나왔다. 병원에 입원시키도록 가출옥시켜 달라고 애원했으나 간수는 "저 죄수는 중죄인이오. 매번 말썽을 부리는지라 그런 자비를 받을 수 없소. 온 감옥 내 소동을 선동하고 있소"라고 말하며 단호하게 거절했다.

유관순은 고통 속에서 그렇게 죽어 갔다. 그는 1920년 9월 28일 오전에 사망했다. 그의 집안이 풍비박산이 된 까닭에 그의 죽음을 알릴 가족이나 친척도 없었다. 10월 12일에야 그의 시신을 이화학당에서 인수하였다. 방광파열로 몸이 썩어 간 데다 시일이 경과되면서 시신부패가 더 심해져서 썩은 내가 진동했다. 10월 14일 가족 이외에는 같은 반 학생 대표 몇 명만 유관순의 장례식에 참여할 수 있었다. 장례식은 정동교회에서 김종우 목사의 집례로 진행되었다. 그의 시신은 이태원 공동묘지에 비석도 무덤 표지도 없이 묻혔다. 얼마 후 이태원 공동묘지는 일제하에서 도시개발로 없어졌다. 그렇게 유관순의 무덤은 파헤쳐졌고 다시 찾을 길이 없게 되었다.

삼일운동으로 유관순의 집안사람들은 요주의 감시대상이 되었다. 일제는 유관순과 그의 집안을 철저히 파괴하고 지워 버리려 했다. 집안이 지리멸렬할 지경이 되었다. 유관순이 감옥서 그렇게 걱정했던 두 동생은 조화벽이라는 처녀 교사가 돌보아주었고 그 처녀 교사는 유우석과 결혼하였다. 유중권과 유중무 형제 집안에서 3대에 걸쳐 독립 유공자가 아홉이나 나왔다.

## 평가와 의미

첫째, 그는 독립과 자유정신의 사표이다. 유관순과 그의 집안, 지령리교회 사람들, 아우내 독립만세운동은 삼일운동의 중심과 선봉에 섰고 민족의 독립정신과 자유정신을 보여 주는 사표師表가 되었다.

관순은 강인한 체력과 담대한 기질을 타고났으나 일제의 혹독한 폭력과 잔인한 고문으로 그의 몸은 부서지고 무너졌다. 일제는 관순의 몸을 죽일 수 있었으나 정신과 혼은 죽일 수 없었다. 일제의 권세와 위력도 그의 독립정신과 자유혼을 이길 수 없었다. 한 알의 씨올이 깨지고 죽음으로써 새싹이 나고 꽃과 열매가 맺듯이, 관순의 몸이 깨지고 죽음으로써 그의 강인한 독립정신, 자유로운 혼과 의로운 기개는 더욱 힘차게 살아나서 우리 앞에 우뚝 섰다.

둘째, 21세기 시민사회운동의 모범이다. 유관순은 독립만세운동의 주역이었을 뿐 아니라 새로운 시대의 새로운 사유와 행동양식을 실현한 실천가였다. 그는 군사제국인 일제의 권위적 지배체제, 수직적이고 일원적이고 일방적인 체제를 거부하고 수평적이고 다원적이며 자발적인 자치와 협동의 삶과 운동을 시작하였다.

그는 이웃을 돕고 섬기는 순수하고 따뜻한 사랑의 사람이었고 나라의 독립을 위해서 일제의 권력에 맞서 싸우는 저항과 투쟁의 사람이었고 일본 사람과 한국 사람을 함께 살리려는 거룩한 얼의 사람이었다. 그는 서로 다른 사람들을 잇고 연결하며 소통시키는 연락원이었으며, 서로 다른 사람들을 하나의 큰 운동으로 묶어세우는 조직가였다. 자치와 협동의 사회를 건설하고 세계정의와 평화를 실현해 가는 21세기 시민사회운동의 모범이다.

셋째, 삼일운동의 정신과 철학의 구현이다. 유관순 한 사람 속에 민족 전체가 들어 있었고 민족 전체 속에 유관순이 있었다. 그이가 끝까지 일제의 불의한 권력에 맞서 싸우며 독립만세를 불렀기 때문에 삼일독립선언서와 삼일운동은 더욱 진실하고 아름답게 되었다. 그이의 정신과 얼이 일제의 권력과 위력을 이겼기 때문에 우리 민족은 일제 앞에 떳떳하고 당당할 수 있었다. 유관순은 홀로 저 자신을 위해서 살거나 싸우지 않았다. 민족 전체의 자리에서 주체로 말하고 행동하고 싸웠다. 그이의 싸움 속에서 민족 전체가 싸웠다.

지령리교회 사람들은 어떻게 삼일운동의 정신과 철학을 끝까지 지키고 실천할 수 있었던가? 지령리교회에서 정신과 사상을 준비하고 훈련했기 때문이다. 당시 교회는 정신적으로나 사상적으로 앞서 있었다. 교회는 기독교 신앙뿐 아니라 새로운 정신과 사상과 문화를 받아들이는 곳이었다. 일주일에 1, 2회 이상 모여서 설교를 듣고 대화와 토론을 나누고 예배와 기도를 드림으로써 정신적·사상적으로 앞서 갈 수 있었다. 깊은 영성과 높은 도덕, 정신적 깨달음과 사상적 지도력, 죽음을 넘는 희생

정신과 실천력 등 오늘 교회는 삼일운동의 정신과 철학을 익히고 실천함으로써 교회의 신앙과 정신을 살리고 사회의 신뢰와 존중을 회복할 수 있을 것이다.

3장

삼일독립선언서의 내용과 풀이

# 1. 최남선과 시대정신

삼일독립선언서를 쓴 최남선은 당시 30세였다. 그의 사상과 철학이 체계적으로 발전하고 도덕과 정신이 원숙한 경지에 이르러서 독립선언서를 썼다고는 생각되지 않는다. 그는 일찍이 학문과 문학에서 천재성을 드러내 보였다. 그러나 아무리 그가 천재였다고 해도 독립선언서의 정신과 사상을 최남선 개인이 지어낸 것이라고는 생각되지 않는다. 그렇게 보기에는 독립선언서의 내용이 너무 깊고 원대하기 때문이다.

최남선은 구체적으로 누구에게서 어떤 영향을 받고 독립선언서를 썼을까? 무엇보다 먼저 민족의 근원적 정신에 대한 그의 생각과 이해가 독립선언서에 반영되었다. 그는 한국문명을 '한밝문명'으로 갈파하였다. '한밝'은 '큰 하나'와 '밝고 환함'을 나타낸다. '큰 하나'와 '밝고 환함'을 추구하고 실현하려는 열망과 염원이 한민족의 정신적 근원과 원형질 속에, 한국정신문화와 삶 속에 들어 있다는 것이다. 한밝의 정신은 당당하고 떳떳한 자주독립의 정신이고 크게 하나로 되는 민족단결과 통합의 정신이다.

그리고 최남선은 그에게 독립선언서의 집필을 맡긴 천도교의 영향을 크게 받았을 것이다. 손병희는 독립선언서 집필의 세 가지 지침을 제시하였다. 첫째, 평화적이고 온전하며 감정에 흐르지 않을 것, 둘째, 동양평화를 위해 조선의 독립이 필요하며, 셋째, 민족자결과 자주독립의 전통정신을 바탕으로 정의와 인도에 입각한 운동을 강조할 것. 실제로 이 세 가지가 독립선언서의 기본 내용을 이룬다. 더 나아가서 손병희가 제시한 삼일운동의 3대 원칙 '대중화, 비폭력, 일원화'를 염두에 두고 최남선은 독립선언서를 작성했을 것이다. 새 하늘과 새 땅을 예감하는 천도교의 개벽사상과 함께 삼일운동의 3대 원칙이 독립선언서에 반영되었다.

천도교 못지않게 안창호의 교육입국운동도 독립선언서의 사상과 내용 형성에 큰 영향을 미쳤을 것으로 생각된다. 최남선은 17세 때인 1906년에 일본에서 안창호의 애국계몽강연을 듣고 크게 감동하였으며 1909년에 교육입국운동을 위해 안창호가 조직한 '청년학우회'의 총무로서 교육문화운동에 헌신하였다. 안창호의 민족교육정신과 운동은 민족정신의 주체적 자각운동이며 시대를 새롭게 하고 의식을 개혁하는 변혁운동이었다. 그의 민족교육운동은 한 사람 한 사람의 도덕과 정신을 새롭게 하는 운동이면서 민족의 해방을 추구하는 독립운동이고 민족과 국가를 넘어서 세계정의와 평화를 실현하는 보편적 운동이었다. 안창호의 교육독립운동은 높은 도덕과 정신을 지녔고, 한 사람 한 사람의 주체적 각성과 실천을 추구했다. 그의 교육운동은 민족의 자주독립을 목표로 삼았으며, 국가주의를 넘어선 국제적 우애와 연대, 세계평화를 지향했다. 안창호의 교육독립운동은 한국 근현대사의 중심과 방향을 드러내는 운동이었다. 이러한 안창호의 교육 정신과 이상이 최남선을 통해서 삼일독립선언서에 담겨졌다.

독립선언은 한민족의 근원적 정체성과 주체적 정당성을 확인하는 것이고 세계사의 큰 흐름을 따르는 것이었다. 대중화, 비폭력, 일원화를 추구한 삼일운동의 정신과 방법도 한민족의 정신적 근원에서부터 깊은 공감대를 형성했다. 그렇기 때문에 삼일운동은 일제의 잔혹한 탄압을 받으면서도 죽음을 무릅쓰고, 줄기차게 그리고 광범위하게 거족적으로 지속될 수 있었다.

삼일독립선언서의 문체는 어려운 한문이 많고 문장이 길고 복잡하여 이해하기가 쉽지 않다. 그러나 거기 담긴 내용은 깊고 아름다우며 높고 커서 명문장으로 평가된다. 여기서는 이희승이 읽기 쉽게 옮긴 독립선언서를 제시하고 풀이하려고 한다.

# 2. 삼일독립선언서의 내용과 풀이

우리는 이에 우리 조선이 독립한 나라임과 조선 사람이 자주적인 민족임을 선언한다. 이로써 세계만국에 알리어 인류평등의 큰 도의를 분명히 하는 바이며, 이로써 자손만대에 깨우쳐 일러 민족의 독자적 생존의 정당한 권리를 영원히 누려 가지게 하는 바이다.

**풀이**

독립선언서는 첫머리에서 핵심 내용과 주장을 제시한다. 첫 문장의 형식은 '우리는…… 선언한다'로 되어 있으며 주체적이고 주권적인 선언의 형태를 띤다. 첫 문장의 내용은 우리나라가 독립한 나라이며 우리 민족이 자주민족임을 선언하는 것이다. 이 선언은 인류 평등의 큰 도의에 부합하는 떳떳하고 당당한 것이다. 그러므로 우리 민족의 독립선언을 숨어서 은밀히 하지 않고 세계만국에 알리어 인류 평등의 큰 도의를 분명히 밝힌다. 이렇게 선언함으로써 미래의 자손들을 깨우쳐 민족의 독자적 생존의 정당한 권리를 영원히 누리게 하려는 것이다.

첫 문장에서 독립선언의 세 차원이 제시된다. 우리 민족의 주체적 독립선언, 인류평등의 보편적 도의, 독립된 민족의 영원한 미래. 독립선언은 민족의 주체성, 인류평등의 보편성, 민족의 미래적 전망을 담고 있다.

> 5천 년 역사의 권위를 의지하여 이를 선언함이며, 2천만 민중의 충성을 합하여 이를 두루 펴서 밝힘이며, 영원히 한결같은 민족의 자유발전을 위하여 이를 주장함이며, 인류가 가진 양심의 발로에 뿌리박은 세계 개조의 큰 기회와 시운에 맞추어 함께 나아가기 위하여 이 문제를 내세워 일으킴이니, 이는 하늘의 지시이며 시대의 큰 추세이며, 전 인류 공동생존권의 정당한 발동이기에, 천하의 어떤 힘이라도 이를 막고 억누르지 못할 것이다.

**풀이**

둘째 단락에서는 독립선언이 지닌 힘과 무게를 내보이고, 독립선언의 목적과 정당성을 밝힌다. 이 선언은 개인이나 몇몇 사람이 일시적으로 하는 주장이 아니다. 그것은 5천 년 민족사의 권위에 의지해서 하는 선언이며 2천만 민족의 충심을 드러내서 밝히는 것이다. 왜 우리는 우리 민족의 독립을 주장하는가? 한민족이 영원히 한결같이, 자유롭게 발전하기를 바라기 때문이다. 이로써 역사의 세 차원이 결합되어 있다. 5천 년 민족사는 과거이며, 2천만 민족의 충심은 현재이고, 민족의 자유발전은 미래다. 과거 5천 년 문화와 역사의 전통과 긍지를 가지고 현재 2천만 민족의 간절한 염원을 담아서 민족의 무궁한 미래를 위해 독립을 선언하는 것이다.

그리고 이것은 우리 민족만의 주장이 아니라 인류의 양심을 드러내는 것이며 인류의 양심에 따라 세계개조의 큰 기회와 시운에 맞추어 함께 나아가기 위한 것이다. 이 짧은 문구에서도 양심과 세계개조(이념)와 시대정신時運의 세 차원을 지적할 수 있다. 그리고 다시 이어서 독립선언을 하는 세 가지 정당성과 근거를 제시한다. 천명(하늘의 지시)과 역사(시대의 큰 추세)와 인류(공동생존권). 여기서 시대의 큰 추세로서 역사는 하늘의 높은 사명과 이어져 있고 인류공동생존권의 주체적 정당성과 결합되어 있다. 하늘의 지시, 시대의 큰 추세, 인류 공동생존권의 정당한 발로에 근거해서 독립을 선언하는 것이므로 어떤 힘으로도 막을 수 없다.

낡은 시대의 유물인 침략주의, 강권주의에 희생되어, 역사가 있은 지 몇천 년 만에 처음으로 다른 민족의 압제에 뼈아픈 괴로움을 당한 지 이미 10년이 지났으니, 그동안 우리의 생존권을 빼앗겨 잃은 것이 그 얼마이며, 정신상 발전에 장애를 받은 것이 그 얼마이며, 새롭고 날카로운 기운과 독창력으로 세계문화에 이바지하고 보낼 기회를 잃은 것이 그 얼마나 될 것이냐?

**풀이**

한민족이 나라의 주권을 완전히 잃고 식민지가 된 것은 5천 년 민족사에서 처음 있는 일이다. 중국의 한漢나라가 우리 땅에 한사군漢四郡을 설치하고 고려왕조가 원나라에 예속되기도 했지만 우리의 주권을 완전히 잃지는 않았다. 그런데 제국주의 일본이 우리 민족의 주권을 강탈하고 우리 민족을 식민지백성으로 만들었다.

독립선언서는 우리 민족을 짓밟고 희생시킨 주체를 '일본'으로 규정하지 않고 '낡은 시대의 유물인 침략주의, 강권주의'로 보았다. 또한 '다른 민족'의 압제로 뼈아픈 괴로움을 당하고 있음도 언급한다. 우리를 희생시킨 주체를 낡은 시대의 유물인 침략주의, 강권주의로 보고 '일본'이라는 말 대신에 '다른 민족'이라고 한 것은 한국과 일본의 적대관계를 조장하거나 강조하지 않은 것이며 일본을 제거하고 극복할 투쟁의 대상으로 규정하지 않은 것이다. 한국과 일본 사이에 적대 관계가 있고 부당하고 불의한 일이 있는 것은 사실이고 현실이다. 그러나 독립선언의 목적은 한국과 일본의 적대 관계를 강화하는 데 있지 않다. 독립선언의 목적은 잘못되고 불의한 관계를 풀고 한국과 일본이 함께 정의롭고 평화로운 관계로 나아가려는 데 있다.

우리 민족이 주권을 빼앗겨 잃은 여러 가지 손실을 지적함으로써 우리 민족의 주체적 자각과 각성을 촉구한다. 우리 민족이 일제에게 주권을 빼앗겨 입은 손실을 세 가지로 제시한다. 생존권을 빼앗긴 것, 정신의 발전에 장애를 입은 것, 새로운 기운과 독창력으로 세계문화에 기여할 기회를 잃은 것이다. 식민지가 되어 우리 민족의 삶을 제대로 힘껏 살지 못했으니 스스로 일어서서 제대로 사는 것이 중요하다.

> 슬프다! 오래전부터의 억울을 떨쳐 펴려면, 눈앞의 고통을 헤쳐 벗어나려면, 장래의 위험을 없애려면, 눌러 오그라들고 사그라져 잦아진 민족의 장대한 마음과 국가의 체모와 도리를 떨치고 뻗치려면, 각자의 인격을 정당하게 발전시키려면, 가엾은 아들딸들에게 부끄러운 현실을 물려주지 아니하려면, 자자손손에게 영구하고 완전한 경사의 행복을 끌어대어 주려면 가장 크고 급한 일이 민족의 독립을 확실하게 하는 것이니, 2천만의 사람마다 마음의 칼날을 품어 굳게 결심하고, 인류 공통의 옳은 성품과 이 시대를 지배하는 양심이 정의라는 군사와 인도라는 무기로써 도와주고 있는 오늘날, 우리는 나아가 취하매 어느 강자를 꺾지 못하며, 물러가서 일을 꾀함에 무슨 뜻인들 펴지 못하랴?

**풀이**

다른 민족에게 눌려서 우리 민족이 우리의 삶을 제대로 힘껏 살지 못하니 슬프다. 여기서 민족이 독립하지 않으면 안 되는 소극적 이유와 적극적 이유가 각각 세 가지로 제시된다. 소극적으로는 과거의 억울, 현재의 고통, 미래의 위험에서 벗어나기 위해서 우리 민족은 독립해야 한다. 적극적으로는 오그라든 민족의 마음과 움츠러든 국가의 체모를 떨쳐 뻗치기 위해서, 각자의 인격을 정당하게 발전시키기 위해서 그리고 자자손손에게 행복한 삶을 물려주려면 가장 크고 급한 일이 민족의 독립이다.

민족의 독립이 크고 급한 일임을 말한 다음에 민족의 독립을 위해 나아가는 길에 막힘도 거칠 것도 없음을 강조한다. 2천만 민족의 한 사람 한 사람이 독립을 이루기 위해 굳게 결심하고 있기 때문에 독립운동을 힘차게 밀고 나아갈 수 있다. 그리고 인류 공통의 의로운 성품과 시대의 양심이 정의와 인도로써 돕고 있기 때문에 우리 민족이 독립을 이루는 것을 아무도 막을 수 없다.

병자수호조약(강화도조약) 이후 때때로 굳게 맺은 갖가지 약속을 배반했다 하여 일본의 신의 없음을 단죄하려는 것이 아니다. 그들의 학자는 강단에서, 정치가는 실제에서, 우리 옛 왕조 대대로 닦아 물려온 업적을 식민지의 것으로 보고, 문화민족인 우리를 야만족같이 대우하며 다만 정복자의 쾌감을 탐할 뿐이요 우리의 오랜 사회 기초와 뛰어난 민족의 성품을 무시한다 해서 일본의 의리 없음을 꾸짖으려는 것도 아니다. 스스로를 채찍질하고 격려하기에 바쁜 우리는 남을 원망할 겨를이 없다. 현 사태를 수습하여 아물리기에 급한 우리는 묵은 옛일을 응징하고 잘못을 가를 겨를이 없다. 오늘 우리에게 주어진 임무는 오직 자기 건설이 있을 뿐이요, 그것은 결코 남을 파괴하는 데 있는 것이 아니다. 엄숙한 양심의 명령으로써 자기의 새 운명을 개척함일 뿐이요, 결코 원한과 일시적 감정으로써 남을 시새워 쫓고 물리치려는 것이 아니로다.

## 풀이

친선과 우호 협력을 약속하고 다짐하면서 일본은 조선과 여러 가지 조약을 맺었지만 그것은 다 조선의 주권을 빼앗고 조선을 그들의 식민지로 만들기 위한 속임수에 지나지 않았다. 오늘 독립선언을 하는 목적은 일본의 신의 없음을 단죄하려는 것이 아니다. 남을 비난하고 꾸짖는 게 우리의 목적이 아니다. 우리의 목적은 스스로 일어서서 밝고 환한 삶의 길로 가자는 것이다.

침략자 일본을 탓하고 비난하는 것은 부차적인 일이다. 일차적이고도 근본적으로 우리가 할 일은 억압의 굴레를 끊어버리고 스스로 떨쳐 일어나는 것이다. 스스로 일어서서 자주독립의 삶을 살려는 사람은 스스로를 채찍질하고 격려하기에 바쁘기 때문에 남을 원망할 겨를이 없다. 또 일본을 탓하고 원망하는 일은 과거에 매인 것이다. 오늘 우리의 문제를 풀고 상처를 치유하기에 바쁜 우리는 과거의 일을 응징하고 잘못을 가를 겨를이 없다. 오늘 우리가 할 일은 남을 파괴하는 게 아니라 오직 자기를 건설하는 것이다. 스스로 바르게 살려는 사람은 먼저 나를 문제로 삼는다. 나를 문제로 삼은 다음에야 남을 문제로 삼을 수 있다.

> 낡은 사상과 묵은 세력에 얽매여 있는 일본 정치가들의 공명에 희생된, 불합리하고 부자연에 빠진 이 어그러진 상태를 바로잡아 고쳐서 자연스럽고 합리로운, 올바르고 떳떳한, 큰 근본이 되는 길로 돌아오게 하고자 함이로다. 당초에 민족적 요구로부터 나온 것이 아니었던 두 나라 병합이었으므로, 그 결과가 필경 위압으로 유지하려는 일시적 방편과 민족 차별의 불평등과 거짓 꾸민 통계 숫자에 의하여 서로 이해가 다른 두 민족 사이에 영원히 함께 화합할 수 없는 원한의 구덩이를 더욱 깊게 만드는 오늘의 실정을 보라! 날래고 밝은 과단성으로 묵은 잘못을 고치고, 참된 이해와 동정에 기초를 둔 우호적인 새로운 판국을 타개하는 것이 피차간에 화를 쫓고 복을 불러들이는 빠른 길인 줄을 분명히 알아야 할 것이 아닌가?

**풀이**

오늘 우리 민족이 일본의 식민지가 된 것은 불합리하고 부자연스러운 것이다. 그것은 낡은 사상과 묵은 세력에 얽매인 일본 정치가들의 공명심 때문에 일어난 일이다. 우리 민족의 독립을 선언하는 목적은 과거와 현재의 불합리하고 부자연스러운 상태를 바로잡고 자연스럽고 합리적이고 떳떳한 큰길로 가자는 것이다.

한국과 일본이 병합된 것은 한국이 요구한 게 아니라 일본의 강요에 의해서 억지로 된 일이다. 한국과 일본의 병합을 유지하기 위해서는 폭력적인 수단을 쓸 수밖에 없고 이렇게 유지된 한국의 식민지 상태는 민족 차별의 불평등을 낳는다. 거짓 꾸민 통계 숫자로 차별과 불평등을 감추려고 하지만, 서로 이해가 다른 한국과 일본 사이에 서로 화합할 수 없는 원한의 구덩이가 더욱 깊어지고 있다. 이제 빨리 과감하게 이러한 과거의 잘못된 한일병합을 청산하고 참된 이해와 동정에 기초한 우호적인 새로운 관계를 열어 가야 한다. 그렇게 하는 것이 한국과 일본 사이에 화禍를 쫓고 복을 불러들이는 빠른 길이다. 과거의 잘못을 고치고 참된 이해와 동정에 기초한 우호적인 새로운 관계를 열어 가는 것은 정의롭고 평화로운 용서와 화해의 길을 열어 가는 것이다.

또 원한과 분노에 싸인 2천만 민족을 위력으로 구속하는 것은 다만 동양의 영구한 평화를 보장하는 길이 아닐 뿐 아니라 이로 인하여서 동양의 안전과 위태함을 좌우하는 굴대인 4억만 지나 민족(중국 민족)이 일본에 대하여 가지는 두려워함과 시새움을 갈수록 두텁게 하여 그 결과로 동양의 온 판국이 함께 넘어져 망하는 비참한 운명을 가져올 것이 분명하니 오늘날 우리 조선의 독립은 조선 사람으로 하여금 정당한 생존과 번영을 이루게 하는 동시에 일본으로 하여금 그릇된 길에서 벗어나 동양을 붙들어 지탱하는 자의 중대한 책임을 온전히 이루게 하는 것이며, 중국으로 하여금 꿈에도 잊지 못할 괴로운 일본 침략의 공포심으로부터 벗어나게 하는 것이며, 또 동양평화로써 그 중요한 일부를 삼는 세계평화와 인류 행복에 필요한 단계가 되게 하는 것이다. 이 어찌 사소한 감정상의 문제리오?

**풀이**

문장이 길어서 짧게 끊어서 읽을 필요가 있다. 일찍이 일본은 동아시아의 평화를 내세웠다. 일제가 원한과 분노에 싸인 2천만 민족을 위력으로 구속하는 것은 동양의 영속적인 평화를 보장하는 길이 아니다. 그것은 한민족을 고난과 죽음으로 몰아넣고 중국의 불안과 두려움을 조장하여 한·중·일을 적대 관계와 전쟁의 수렁에 빠지게 하는 것이다. 그것은 결국 한국과 일본과 중국이 함께 망하는 길이다.

중국 민족은 동양을 안전으로 이끌 수도 있고 위태롭게 할 수도 있는 크고 중요한 나라다. 일본이 한국 민족을 억누르고 한국을 일본의 식민지로 유지하는 것은 중국 민족이 일본에 대해서 두려움과 시새움을 더욱 두텁게 갖도록 하는 것이다. 그렇게 되면 동양의 온 판국은, 한국과 일본과 중국은 다 함께 넘어져 망하는 비참한 운명을 가져올 것이 분명하다.

따라서 일본은 자신을 위해서라도 한국과 불의한 관계를 청산해야 한다. 독립선언서는 일본을 설득해서 원한과 분노에 사로잡힌 한민족과 용서와 화해의 길로, 동아시아와 세계평화의 길로 가도록 초대한다. 한국과 일본이 서로 용서하고 화해하는 길은 한국이 일본의 지배에서 벗어나 독립하는 것이다. 가해자 일본과 피해자 한국의 진정한 용서와 화해는 상대를 서로 주체로서 인정하고 존중할 때 가능하다. 조선의 독립이 한국과 일본이 용서와 화해에 이르는 조건이다.

오늘 조선 민족의 독립은 조선 사람으로 하여금 정당한 생존과 번영을 이루게 하는 동시에 일본으로 하여금 그릇된 길에서 벗어나 동양을 지탱하는 중대한 책임을 이루게 하는 것이다. 또 그것은 중국을 일본 침략의 공포심에서 벗어나게 함으로써 한·중·일 삼국의 동양평화를 이루게 하고 더 나아가서 세계평화와 인류 행복으로 나아갈 수 있게 하는 것이다. 조선의 독립은 조선 민족에게 자존감을 주고 정의와 평화의 삶을 누리게 할 뿐 아니라 일본으로 하여금 그릇된 길에서 벗어나 동아시아와 세계평화를 위해 크고 중요한 사명과 책임을 감당하게 하는 것이다. 그것은 또한 중국으로 하여금 전쟁의 불안과 두려움에서 벗어나 큰 나라로서의 구실과 책임을 다하도록 이끄는 것이다.

아! 새 하늘 새 땅이 눈앞에 펼쳐졌다. 위력의 시대가 가고 도의
의 시대가 왔다. 과거 한 세기 내 갈고닦아 키우고 기른 인도적 정
신이 이제 막 새 문명의 밝아오는 빛을 인류 역사에 쏘아 비추기
시작하였다. 새봄이 온 세계에 돌아와 만물의 소생을 재촉하는구
나. 혹심한 추위가 사람의 숨을 막아 꼼짝 못 하게 한 것이 저 지
난 한때의 형세라 하면, 화창한 봄바람과 따뜻한 햇볕에 원기와
혈맥을 떨쳐 펴는 것은 이 한때의 형세이니, 천지의 돌아온 운수
에 접하고 세계의 새로 바뀐 조류를 탄 우리는 아무 주저할 것도
없으며, 아무 거리낄 것도 없다. 우리의 본디부터 지녀온 권리를
지켜 온전히 하여 생명의 왕성한 번영을 실컷 누릴 것이며, 우리
의 풍부한 독창력을 발휘하여 봄기운 가득한 천지에 순수하고 빛
나는 민족문화를 맺게 할 것이다.

**풀이**

조선의 독립이 동양평화와 세계평화에 이르는 길임을 밝히
고 나서 새 시대, 새 세상이 다가왔음을 선언한다. 새 시대, 새
세상은 가까이 왔을 뿐 아니라 이미 여기에 와 있다. "아! 새 하
늘 새 땅이 눈앞에 펼쳐졌다." 이어서 새 하늘 새 땅의 내용을
제시한다. "위력의 시대가 가고 도의의 시대가 왔다." 위력의 시
대는 제국주의 강대국들의 지배와 정복의 시대, 군사적 폭력이
지배하는 시대, 식민지 쟁탈전의 시대다. 일본이 조선을 강제로
침탈하고 식민지로 만든 것은 위력의 시대를 대표하는 일이다.

그런데 이제 위력의 시대가 가고 도의의 시대가 온 것이다. 도의의 시대는 국가들 사이에 자유와 평등, 우호와 협력, 정의와 평화에 기초한 관계가 형성되는 시대다. 이제는 지배와 정복, 전쟁과 폭력에 의존하는 낡은 국가주의 문명과 낡은 국가관에서 벗어나야 한다. 양심과 도의, 정의와 평화, 자유와 평등에 기초한 새로운 국가관을 가지고 민주와 평화의 새로운 국가문명을 건설할 때가 온 것이다.

새 시대는 갑자기 온 것이 아니다. 그것은 "과거 한 세기 내 갈고닦아 키우고 기른 인도적 정신"에서 싹터 나온 것이다. 지난 한 세기 동안 산업자본주의사회가 발달하면서 생존경쟁이 치열해지고 강대국들 사이에 지배와 정복을 위한 세력 다툼이 거세어진 것도 사실이다. 그러나 그 속에서 이성적 진리 탐구, 과학과 학문의 발달을 통해서 도덕적 양심과 이성적 상식이 높아지고 인권과 복지, 정의와 평화에 대한 관심도 높아졌다. 인도적 정신은 사람이 사람답게 생각하고 행동하며 사람을 사람으로 대접하고 존중하는 정신이다.

사람은 이성과 양심을 가진 존재다. 사람답게 생각한다는 것은 이성적으로 생각하는 것이고 사람답게 행동한다는 것은 양심에 따라 행동하는 것이다. 사람을 사람으로 대접하고 존중하는 것은 사람을 이성과 양심을 가진 주체로 대접하고 존중하는 것이다. 국가와 국가도 이성과 양심에 바탕을 두고 인도적 정신에 따라서 서로 존중하며 우애와 협력을 바탕으로 관계를 맺어야 한다. 지난 세기에 길러 온 인도적 정신이 새 문명의 밝아오는 빛을 인류 역사에 비추기 시작했다. 현재에서 미래와 과거가 만나고 있다. 현재는 언제나 과거와 미래의 융합이며 창조적 만남이다. 미래와 과거가 만나서 새 역사 새 문명이 동터온다.

조선의 독립을 선언하는 오늘 인류 역사의 큰 전환이 이루어지고 있다. 새 하늘, 새 땅이 동터오고 있다. 식민지 종살이에서 조선이 독립하는 것은 인류 역사의 문명사적 전환과 맞물려 있고 인류 역사의 문명사적 전환은 자연생명세계의 변화와 맞물려 있다. 조선의 독립을 선언하는 오늘 3월 1일은 새봄이 온 세계에 돌아와 만물의 소생을 재촉하는 때다. 지나간 겨울의 혹독한 추위가 숨을 막아 움츠러드는 것이 과거의 형세였다면, "화창한 봄바람과 따뜻한 햇볕에 원기와 혈맥을 떨쳐 펴는 것"은 오늘의 형세다. 지금은 원기와 혈맥을 떨쳐 펴고 일어날 때다. 겨울에서 봄으로 돌아가는 천지의 운수(자연생명세계의 변화)에 접하고 세계의 새로운 조류(인류문명사의 전환)를 탄 우리는 주저할 것도 거리낄 것도 없다. 나라와 민족의 독립을 이룸으로써 타고난 권리를 지키고 생명의 왕성한 번영을 누리며, 독창력을 발휘하여 빛나는 민족문화를 닦아낼 것이다.

> 우리는 이에 떨쳐 일어난다. 양심이 우리와 함께 있으며, 진리가 우리와 함께 나아간다. 남녀노소 없이 어둡고 답답한 옛 보금자리로부터 활발히 일어나 삼라만상과 함께 기쁘고 유쾌한 부활을 이

루어 내리라. 먼 조상의 신령이 보이지 않는 가운데 우리를 돕고, 온 세계의 새 형세가 우리를 밖에서 보호하고 있으니 시작이 곧 성공이다. 다만, 앞길의 광명을 향하여 힘차게 곧장 나아갈 뿐이로다.

## 풀이

그러므로 이제 우리는 떨쳐 일어난다고 당당히 선언한다. 더 나아가서 독립선언의 당당하고 떳떳함을 이렇게 밝힌다. "양심이 우리와 함께 있으며, 진리가 우리와 함께 나아간다." 총과 칼은 꺾이고 부러지는 법이 있어도 양심과 진리는 꺾이거나 부러지는 법이 없다. 조선 사람은 남녀노소 누구나 어둡고 답답한 식민지 상태에서 활발히 일어나 조선 민족의 부활을 이루어 낼 것이다. 우리의 독립선언과 운동은 반드시 성공할 것이다. 먼 조상의 신령이 우리를 돕고 자연생명세계와 만물이 함께 기뻐하고 온 세계의 새 형세가 우리를 보호하고 있으니 시작하기만 하면 반드시 성공을 거둘 것이다. 그러므로 우리는 앞길의 광명을 향하여 힘차게 나아갈 뿐이다.

공약 삼장

하나, 오늘 우리의 이번 거사는 정의, 인도와 생존과 영광을 갈망하는 민족 전체의 요구이니, 오직 자유의 정신을 발휘할 것이요, 결코 배타적인 감정으로 정도에서 벗어난 잘못을 저지르지 말라.

하나, 최후의 한 사람까지 최후의 일각까지 민족의 정당한 의사
를 시원하게 발표하라.

하나, 모든 행동은 가장 질서를 존중하며, 우리의 주장과 태도를
어디까지나 떳떳하고 정당[광명정대]하게 하라.

**풀이**

첫째 공약에서는 정의, 인도, 생존, 영광을 갈망하는 민족을
말함으로써 민족의 밝고 환한 성품, 긍정적이고 적극적인 성격
을 드러낸다. 자유自由의 정신을 발휘하라고 함으로써 자발적이
고 주체적인 행동을 요구하였다. '자유의 정신'은 자기 속에서
비롯되는 주체적이고 자발적인 정신이면서 이성에 기초한 정신
이고 타자와의 관계 속에서 실현되는 정신이다. 따라서 독립선
언운동은 배타적 감정으로 제멋대로 행동하다가 잘못을 저질
러서는 안 된다는 것이다.

둘째 공약은 마지막 사람까지 끝까지 민족의 자주독립을
씩씩하게 발표하라는 것이다. 본문에서 조선의 자주독립의 정
당성과 시대적 요청을 충분히 밝혔으므로 조선 사람은 맘껏 힘
껏 목숨과 뜻을 다해서 조선의 독립을 선언해야 한다. 삼일독립
운동의 치열함과 철저함을 드러낸다.

셋째 공약에서는 '가장 질서를 존중하며', 떳떳하고 정당하
게, 원문에서는 '광명정대하게' 행동하라고 한다. 질서를 존중한
다는 것은 첫째 공약에서 '자유의 정신'을 강조하고 감정으로

행동하지 말라고 한 것과 일치한다. 본문의 마지막 문장에서 '앞길의 광명'을 말했는데 공약 삼장의 마지막 문장에서도 '광명정대'를 말했다.

# 3. 문제와 평가

공약 삼장은 만해 한용운이 덧붙인 것이라는 주장과 최남선이 쓴 것이라는 주장이 엇갈리고 있다. 만해가 썼다는 주장은 독립선언서의 본문과 공약 삼장 사이에 내용과 정신의 차이가 있다는 것을 내세운다. 본문은 타협적이고 유화적인데 공약 삼장에서는 철저한 저항을 다짐한다는 것이다.

그러나 공약 삼장을 자세히 살펴보면 본문과 내용적으로 일치하지 않는 점을 찾기 어렵다. 첫째 공약에서 "자유의 정신을 발휘할 것"을 말하고, "배타적 감정으로 정도에서 벗어난 잘못을 저지르지 말라" 한 것은 본문의 내용과 잘 일치한다. 둘째 공약에서 "최후의 한 사람까지 최후의 일각까지 민족의 정당한 의사를 시원하게 발표하라" 한 것은 타협적이고 유화적인 최남선의 생각보다는 끝까지 지조를 지킨 만해의 생각과 어울린다는 점을 내세우는 이들이 있다. 최남선이 나중에 변절하여 친일파가 되었기 때문에 둘째 공약을 지키지 못한 것은 사실이다. 그러나 공약을 지키기는 어렵지만 말하기는 쉽다.

본문에서 "하늘의 지시이며 시대의 큰 추세이며, 전 인류 공동생존권의 정당한 발동이기에, 천하의 어떤 힘이라도 이를 막고 억누르지 못할 것"이라 하고 "2천만의 사람마다 마음의 칼날을 품어 굳게 결심하고, 인류 공통의 옳은 성품과 이 시대를 지배하는 양심이 정의라는 군사와 인도라는 무기로써 도와주고 있는 오늘날, 우리는 나아가 취하매 어느 강자를 꺾지 못하며, 물러가서 일을 꾀함에 무슨 뜻인들 펴지 못하랴?"라고 선언하는 정신과 기개라면 당연히 마지막 한 사람까지 마지막 순간까지 독립을 선언하자고 하는 것이 자연스럽고 당연한 결론일 것 같다.

셋째 공약 "모든 행동은 가장 질서를 존중하며, 우리의 주장과 태도를 어디까지나 떳떳하고 정당[광명정대]하게 하라"도 본문과 잘 일치한다. 더 나아가서 독립선언서의 원문을 보면 본문과 공약 삼장의 문장이 한자 중심으로 되어 있고 본문과 공약 삼장의 문체가 일치함을 알 수 있다. 빼어난 시인으로서 아름다운 말과 글을 썼던 만해의 글로 보기에는 공약 삼장의 문체는 지나치게 한자가 많고 어렵다. 독립선언서 본문의 내용과 문체를 공약삼장과 비교하면 다른 저자가 썼다고 의심할 만한 근거나 단서를 찾기 어렵다. 내용과 문체로 미루어 보면 최남선이 본문과 공약 삼장을 썼다고 보는 것이 자연스럽다.

그러나 그렇다고 하더라도 공약 삼장의 일부 문구("최후의 한 사람까지 최후의 일각까지")를 만해가 삽입하거나 수정했을 가능성은 배제할 수 없다.


### 사상과 문장의 삼박자, 삼중구조

본문의 문장과 사상 내용이 많은 경우에 세 마디 또는 세 박자로 되어 있다. 본문 풀이의 앞부분에서 세 박자 또는 삼중구조를 확인했다. 문장과 사상의 세 박자 또는 세 차원이 '민족의 주체성, 인류평등의 보편성, 민족의 미래적 전망', '양심, 세계개조, 시대정신', '과거, 현재, 미래', '천명, 시대, 인류' 등으로 나타난다. 뒷부분에서도 이것을 확인할 수 있을 것이다.

셋은 '하나'와 더불어 한겨레가 가장 좋아하는 수다. 무슨 일이든 세 번은 해야 하고 방망이를 두드릴 때도 꼭 세 번 두드린다. 노래와 가락도 세 박자로 되어 있다. 셋은 포용과 종합을 나타내는 수다. 셋은 '나, 너, 그'를 아우르고 제3자를 배려하고 포용한다. 동양사상에서 셋은 만물을 나타낸다. 또 셋은 '서다'를 뜻한다. 무엇이든 다리가 셋이면 잘 선다. 유영모는 셋은 '서다', 다섯은 '다 서다', 여섯은 '이어 서다'를 뜻한다고 하였다. 셋은 (만물과 사람이, 서로 다른 셋이) '다 함께 서다'를 뜻한다.

셋은 한겨레의 마음속에 사무친 수이고 한겨레의 깊은 정신과 열망을 드러낸다. 셋은 한민족의 정신적 근원을 울리고 사무친 열망을 이끌어 내는 수다. 온 겨레가 다 함께 하나로 일어선 삼일독립운동은 이미 삼일三—이라는 이름과 수에서 뜻과 목적과 방향이 밝혀졌고 한겨레의 마음을 움직이는 상징과 힘을 확인할 수 있다. 독립선언서가 3월 1일 발표되고 그 문장과 내용이 삼중구조와 형식으로 된 것은 한민족의 정신과 잘 어울리고 크게 공명할 수 있는 것으로 여겨진다.

## 전체적 평가

첫째, 독립선언서는 조선왕조와 왕에 대한 충성에 전혀 관심이 없다. 오직 민주, 민족이 있을 뿐이다. 독립선언서 어디에도 신분질서나 신분의식을 반영하는 언급이 없다. 오직 평등한 민족이 있을 뿐이다. 나라를 구하고 살리는 주체로서 민을 내세우고 민에게 호소한 독립선언서는 가장 순수하고 높은 민주 정신과 이념에 이르렀다.

둘째, 독립선언서는 자연생명(우주)과 역사(인간)와 천명(신령)의 세 차원을 아우르고 실현하고 완성하려 한다. 삼일운동은 실존적·주체적 양심에 바탕을 두고 하늘의 지시天命와 세계역사의 큰 흐름을 따르고 실현하는 운동이다. 삼일운동은 양심의 주체성, 천명의 궁극성, 시대정신의 세계성을 지니고 있다.

셋째, 독립선언서는 군사제국주의의 폭력과 불의에 맞서 비폭력 평화와 정의, 도의와 진리를 내세우며 싸운다. 역사의 피해자가 민족의 독립을 전제로 가해자를 용서와 화해의 길로 초대한다. 군사적·물리적 폭력에 맞서 도덕과 양심, 진리와 질서, 정의와 평화, 우애와 협력을 내세운 삼일운동은 보다 높은 정신운동이며 평화운동이다.

넷째, 독립선언서는 식민지 쟁탈전을 벌인 민족국가주의 문명과 시대를 넘어서 국가와 민족들 사이에 우애와 협력, 평화와 공존을 실현하는 새 문명 시대를 열려고 한다. 민족의 자주독립은 세계평화로 이어진다. 민족과 국가들이 저마다 자주 독립을 이룸으로써 국가들 사이에 정의와 평화, 우애와 협력이 이루어지는 새로운 세계평화가 이루어질 수 있다는 것이다. 겨울에서 봄으로 바뀌듯이 전쟁과 폭력의 국가주의시대에서 국제적 연대와 협력, 평화와 공존의 세계평화시대로 바뀌고 있음을 선언한다.

4장
—
삼일운동과 헌법전문

# 1. 삼일운동과 헌법전문

삼일운동과 헌법전문

우리나라 제헌헌법전문은 "기미년 삼일운동으로 대한민국을 건립하여 세계에 선포한 위대한 독립정신을 계승하여 이제 민주 독립 국가를 재건함"이라고 밝혔다. 이로써 제헌헌법은 삼일운동의 독립정신을 이어받아 나라를 다시 세운다는 것을 분명히 하였다. 이에 앞서 대한민국 국민이 국가수립의 주체이며 헌법제정의 주체임을 선언했다. 그리고 이어서 "정의 인도와 동포애로써 민족의 단결을 공고히 하며 모든 사회적 폐습을 타파하고…… 각인의 기회를 균등히 하고 능력을 최고도로 발휘케 하며…… 국민생활의 균등한 향상을 기하고 밖으로는 항구적인 국제평화의 유지에 노력하여 우리들과 우리들의 자손의 안전과 자유와 행복을 영원히 확보할 것을 결의"한다고 함으로써 독립선언서의 기본내용과 정신을 충실히 반영하고 있다. 여기 인용한 내용과 용어는 대체로 독립선언서에 나와 있는 것이다. 독립정신, 정의·인도·동포애, 민족의 단결, 낡은 사회적 폐습의 타파, 각인의 기회균등, 국민생활의 균등한 향상, 항구적 국제평화 유지, 한민족의 안정과 자유와 행복의 확보는 모두 삼일독립선언서에 나와 있는 내용이거나 독립선언서의 정신에 내포된 것이다.

현행헌법전문은 제헌헌법전문을 거의 그대로 따르고 있으나 두세 군데 문구를 덧붙이고 현대적 표현으로 고침으로써 변화를 주었다. 제헌헌법은 "기미삼일운동으로 대한민국을 건립하여 세계에 선포한 위대한 독립정신을 계승하여 이제 민주 독립 국가를 재건함"이라고 함으로써 삼일운동의 위대한 독립정신을 강조하였다. 현행헌법은 "3·1운동으로 건립된 대한민국 임시정부의 법통과 불의에 항거한 4·19민주이념을 계승"한다고 함으로써 삼일운동과 함께 4·19민주이념을 내세운다. 이로써 현행헌법에서는 삼일운동의 비중이 작아진 느낌을 준다. 그밖에 "민주주의의 여러 가지 제도를 수립하여"를 "자율과 조화를 바탕으로 자유 민주적 기본질서를 더욱 확고히 하여"로 고침으로써 민주제도의 수립 이후의 상황을 반영했고 "자유와 권리에 따르는 (책임과 의무를 완수하게 하여)"를 덧붙임으로써 책임과 의무의 내용을 구체화했으며 "국제평화"를 "세계평화와 인류공영"으로 확대하였다. 그 밖의 내용은 제헌헌법과 차이가 없다.

헌법전문의 전체 내용이 삼일독립선언서의 내용과 정신을 반영하고 있다는 점에서 현행헌법도 삼일운동의 정신을 헌법정신으로 간직하고 있다. 제헌헌법에서 삼일운동의 독립정신을 두드러지게 강조한 데 반해서 현행헌법에서는 삼일운동이 후퇴하고 4·19민주이념이 두드러진 것처럼 보일 수 있다. 그러나 삼일운동과 임시정부와 4·19민주이념은 서로 이어지고 긴밀히 결합되어 있다. 삼일운동의 가장 두드러진 정신이 민주정신이므로 4·19민주이념은 삼일정신에서 뻗어 나온 한 가지로 생각된다. 삼일운동과 정신의 거대한 화산맥이 지하로 스며들었다가 4·19민주혁명으로 다시 분출한 것이다. 따라서 제헌헌법과 마찬가지로 현행헌법도 삼일운동의 정신과 이념을 헌법정신으로 지니고 있다.

헌법전문은 "대한민국국민"이 국가수립의 주체이고 헌법제정권자임을 밝히고, 헌법 제1장 1조는 "대한민국은 민주공화국"이라고 선언하고 2조는 "대한민국의 주권은 국민에게 있고 모든 권력은 국민으로부터 나온다" 함으로써 민주의 정신과 이념을 분명하게 확인한다.

## 민주民主

삼일독립선언서, 삼일운동, 헌법전문, 헌법 1장 1, 2조가 한결같고도 뚜렷이 보여 주는 것은 민주이념과 원칙, 민주정신과 철학이다. 국가의 주권은 국민에게 있고 모든 권력은 국민에게서 나온다고 함으로써 민이 나라의 주인과 주체임을 선언하였다. 민을 떠나서 나라가 있을 수 없기 때문에 민이 곧 나라라고 할 수 있다.

헌법전문은 국민이 헌법제정권자임을 분명히 밝힌다. 민이 나라의 주권자로서 자신의 자격과 책임을 스스로 규정하는 입법자가 되었다. 민은 자신의 법을 자기 스스로 만드는 자다. 민은 헌법을 만드는 자이며 헌법을 지키는 자이고 헌법을 바꿀 수 있는 자다. 민이 스스로 만든 법을 민이 스스로 존중하고 지키지 않으면 법은 아무 의미가 없다. 헌법은 민의 주권과 주체에 근거하며, 민의 주권과 주체를 세우기 위해서 존재한다. 민이 참된 주체, 참된 주권자가 되지 못하면 헌법은 존재의 근거와 목적을 잃게 된다.

그러면 민은 어떻게 이러한 주체가 될 수 있는가? 민이 실제로 나라의 주인과 주체가 될 때 비로소 민주民主가 된다. 민이 나라의 주인이 되어 주인 구실을 하는 것은 저절로 되는 일도 아니고 자연적으로 타고난 일도 아니며 쉽게 할 수 있는 일도 아니다. 민은 스스로 나라의 주主가 되어야 한다. 사사로운 욕심과 집착, 집단적인 이해관계에 매인 이들은 결코 나라의 주인과 주체, 민주民主가 될 수 없다.

삼일독립선언서와 삼일운동에서 드러난 민의 주체는 헌법에서 밝힌 국민주권과 주체의 원형이며 이상이고 목적이다. 헌법에서 밝힌 국민주권과 주체는 삼일독립선언서와 삼일운동에서 앞당겨 실현되어 있고 삼일운동과 독립선언서의 참된 민주정신과 이념이 헌법 속에서 표현되고 드러났다.

민이 나라다. 헌법전문의 첫머리서 밝혔듯이 국민은 헌법제정의 주체다. 현실적으로 의회에서 의원들이 헌법을 제정했지만 의원들은 국민의 대표자와 대리자로서 헌법을 제정한 것이다. 그러므로 헌법의 실질적 제정자는 국민 자신이다. 민은 스스로 나라의 법을 자기의 법으로서 제정한다. 이것은 자기가 자기를 규정하고 속박하는 것이다. 민은 헌법의 주체이면서 헌법의 대상이다. 따라서 민은 헌법에 대해서 무한책임을 져야 한다. 민이 헌법이 말한 대로 나라의 주권자 구실을 제대로 하지 않으면 아무도 주권자 구실을 할 수 없다. 민이 나라의 주인과 주체가 되어서 주인과 주체 노릇을 하지 않으면 아무도 나라의 주인과 주체가 될 수 없다. 민이 나라의 주인으로서 주권자 구실을 하지 않으면 헌법에 제정된 나라는 존재할 수 없다. 무엇보다도 먼저 민은 스스로 나라의 주인과 주체가 되어야 한다. 민이 나라의 주인과 주체가 되려면 민이 먼저 개인과 집단의 사사로운 욕심과 이해관계를 넘어서 하늘에 대해서 떳떳한 공적 인간, 나라 전체의 자리에서 생각하고 말하고 행동하는 인간이 되어야 한다.

민주의 뿌리와 목적은 하늘이다. 하늘은 주체의 한없는 깊이와 자유를 드러내고 나눌 수 없는 전체의 하나 됨을 나타낸다. 속에 하늘을 품고 하늘을 연 사람만이 민주가 되고, 나라를 바로 세울 수 있다. 주체와 전체의 일치는 하늘에서만 가능하고, 주체와 전체가 일치할 때만 나라와 민주가 가능하기 때문이다. 속에 하늘을 품고 하늘이 열린 사람이라야 나라 전체의 자리에 서서 나와 남의 존엄과 가치, 기본 권리를 지키고 실현할 수 있다.


국가주권과 자치: 대의제와 자치의 관계


삼일운동은 국민 한 사람 한 사람의 일어섬이 나라의 일어섬임을 보여 주었다. 삼일운동은 헌법에서 말한 국민주권을 실증해 보인 것이다. 민이 나라임을 보여 준 것이다. 삼일운동에서 제국주의 강대국의 침략과 정복이 부당하고 불합리함을 밝히고, 민족의 자주독립이 정당하고 진리임을 선언한 것은 민이 주권자이며 민이 나라임을 선언한 것이다. 개체와 전체가 일치하는 국민주권은 국민자치로 실현된다. 민주국가에서 민은 더이상 다스림을 받는 백성이 아니라 스스로 다스리는 주체다. 민주국가에서는 민이 민을 다스린다. 민이 자신을 다스리는 민주 정치는 국민자치, 지역자치가 되어야 한다.

하늘은 다스리는 주체와 자리를 나타낸다. 동학운동은 민 이 저마다 하늘을 모시고 서로 하늘로 섬기고 스스로 하늘이 되는 운동을 벌임으로써, 민중자치와 지역자치의 길을 열었다. 독립협회와 만민공동회의 애국계몽운동에서는 민이 나라의 주 인과 주체로서 정치에 참여하였다. 만민공동회는 민중자치의 모범이다. 안창호와 이승훈은 민을 주체로 깨워 일으킴으로써 민이 나라를 다스리는 국민자치의 주체를 길러냈다.[9]

헌법에서 선언한 국민주권을 실현하려면 반드시 지역자치 가 이루어져야 한다. 따라서 건국헌법은 지역자치에 대한 규정 을 두고 1949년 지역자치 법을 제정했으나 6·25전쟁으로 1952 년에야 지역의회가 최초로 구성되었다. 1960년 6월 15일 시· 읍·면장을 주민의 직선으로 선출했으나 5·16군사정부는 지역 자치에 대한 임시조치법을 제정하여 지역자치법의 효력을 정지 시켰다. 군사정권에 저항한 6월 민주항쟁이 일어난 후 1987년 10월 27일에 지역의회의 구성에 관한 헌법의 유보조항을 삭제 함으로써 비로소 지역자치를 실현하게 되었다. 국민주권은 국 민자치로 실현되어야 한다. 민의 자치가 실현되고 완성되는 만 큼 대의정치는 건전하게 자신의 구실과 목적을 수행할 수 있다. 대의정치가 독재정치로 되면 국민주권을 억압하고 지역자치를 가로막는다. 이 점에서 군사독재는 국민주권을 실현해 가는 한국 근현대사의 큰 흐름을 거스르고 있다. 현실정치에서 국민자치와 대의제가 충돌할 수 있다. 아래로부터 지역자치를 실현하는 만큼 국민주권과 민주화는 확립되고 진전된다.

지역 자치는 하늘을 품은 민이 서로 주체가 되어 함께 다스리는 것이다. 홀로 다스리는 게 아니라 함께 서로 다스리는 것이다. 다스리는 이와 다스림받는 이가 따로 있는 게 아니라 서로 다스리고 서로 다스림을 받아야 한다. 서로 다스리고 서로 다스림을 받으려면 사사로운 욕망과 편견에서 자유로워야 한다. 사사로운 욕망과 편견, 허영과 불안에서 자유로우려면 맘속에 하늘이 열려야 한다. 하늘처럼 빈 맘을 지녀야 서로 살리는 협동을 할 수 있다. 지역 자치는 하늘을 열고 나라를 세우는 일이다. 민주의 나라는 민의 자치와 협동을 통해서 늘 새롭게 세워지는 것이다.


## 국가주의를 초월한 세계평화


세계의 강대국들이 부와 권력을 확대하기 위해서 약소국들을 침략하고 억압과 수탈을 일삼으며 식민지 쟁탈전을 벌였으며, 1·2차 세계대전을 일으켜서 세계인류를 전쟁과 폭력, 살육과 파괴의 나락으로 떨어트렸다. 한민족은 약소민족으로서 식민지 백성이 되어 식민 제국주의의 불의와 폭력을 철저히 겪고 그 억압과 불의의 사슬을 끊고 나옴으로써 세계정의와 평화의 길로 나아가게 되었다. 강대국들이 세계를 불의와 전쟁의 수렁으로 끌어넣었다면 강대국들로부터 불의와 폭력의 고난을 겪은 한민족은 삼일운동을 일으키고 민주화와 산업화를 이루고 세계인류를 위해 정의와 평화의 길을 열었다.

한민족은 나라를 빼앗긴 아픔을 겪었고 나라를 잃고 나라 없이 수십 년 동안 살아 본 쓰라린 경험을 가지고 있다. 이러한 특별한 경험은 한민족으로 하여금 남의 나라들을 희생시키고 부강한 나라를 만들려는 유혹에서 벗어나 국경을 넘어 우애와 협력에 기초한 평화의 세상을 열어 가는 데 앞장설 수 있게 한다. 우리는 세계평화를 위해서 자기 나라와 민족을 버릴 수 있는 나라다. 나라를 잃어버리는 경험을 했고 남의 나라에 종살이를 했기 때문이다. 애국심과 동포애가 중요하지만 그것만으로는 정의와 평화의 세계를 열 수 없다. 우리에게 우리나라와 민족이 소중한 만큼 남의 나라와 민족도 소중하다는 것을 우리는 알 수 있는 민족이다. 우리는 다른 민족에게 주권을 뺏기고 나라를 잃고 억압과 차별, 수탈과 모독을 실컷 당해 본 민족이다. 그러므로 다른 나라와 민족의 입장과 처지에서 생각하고 행동할 수 있다.

# 2. '한'나라의 사명: 생명과 인간의 존엄

나라를 세운 날을 우리나라에서 개천절開天節이라고 하는데 개천開天은 '하늘을 연다'는 말이다. 하늘의 아들 환웅(한웅)은 하늘을 열고 내려와 땅에서 나라를 세운다. 한겨레는 하늘을 품고 하늘을 우러르며 살고 하늘을 열고 나라를 세운 민족이다. 선과 악을 주관하고主善惡, 널리 사람을 이롭게 하며弘益人間, 세상을 이치로 교화한다在世理化는 매우 숭고하고 보편적인 국가이념이 이 이야기에 담겨 있다. 하늘이 열렸기 때문에 하늘의 뜻을 담은 국가이념이 나올 수 있었다. 하늘의 뜻을 담은 이런 국가이념은 국가와 민족의 울타리와 경계를 넘어서 세계인류에 널리 적용될 수 있다.

우리나라만이 아니라 모든 나라가 사람의 맘속에 하늘이 열렸기 때문에 나라를 세울 수 있었다. 하늘은 땅의 물질적 속박에서 자유로운 것이다. 만일 사람이 물질적 욕망과 집착에서 조금도 벗어나지 못한다면, 다른 사람들과 더불어 서로 위하며 사는 나라는 이룰 수 없을 것이다. 땅의 물질적 욕망과 집착에서 조금이라도 자유로울 수 있기 때문에 서로 다른 사람들이 더불어 살고 서로 인정하고 서로 위하며 살 수 있는 것이다. 노예제 국가라 하더라도 노예와 주인 사이에 서로 인정하며 살 수 있는 최소한의 자유와 여유가 있기 때문에 나라가 성립하는 것이다.

하늘이 닫혀서 땅의 물질적 욕망과 집착에 매이면 약육강식의 생존투쟁을 벌일 수밖에 없고 지배와 정복, 억압과 수탈을 위한 전쟁과 폭력의 길로 갈 수밖에 없다. 20세기는 식민지 쟁탈을 위한 제국주의 전쟁의 시대였으며 이런 전쟁과 폭력의 고통 속에서 정의와 평화, 생명과 통일, 민주와 자유의 길을 열어 가는 시대였다. 한국 현대사는 봉건적 신분질서와 압제, 제국주의의 전쟁과 폭력에서 벗어나 생명과 평화, 민주와 자유의 길을 열고 세계정의와 평화 시대로 나아가는 과정이었다. 20세기는 세계문명의 방향 전환이 이루어지는 시대였다. 폭력과 전쟁, 정복과 수탈의 국가주의에서 상생과 평화의 세계로 나아가는 시대, 국가주의적 전쟁과 폭력의 고통 속에서 상생과 평화의 새 문명을 낳는 진통의 시대였다. 하늘을 품은 한겨레가 하늘을 열고 세운 나라는 세계평화와 통일을 이루는 나라가 될 사명을 지니고 있다.

독립선언서와 삼일운동이 밝힌 바르고 큰 길은 하늘이 지시하는 하늘의 길이며 한국이 나아갈 길이다. 사람의 맘속에 하늘이 열릴 때 비로소 한국은 바르고 큰 하늘 길을 갈 수 있다.


## 헌법전문과 인간존엄

대한민국 국민이 헌법제정의 주체다. 국민이 입법자다. 헌법은 국민이 자기를 위해서 스스로 만든 법이다. 국민이 국민의 주권을 스스로 규정한 것이다. 국민이 스스로 주권을 선언한 것이며 국민주권을 지키고 행사하기 위해 헌법규정을 스스로 지키기로 다짐하고 약속한 것이다. 주권은 자발적이고 주체적인 것이다. 헌법은 국민주권을 선언할 뿐 아니라 국민 개인의 기본권을 보장한다. 국민 개인의 기본권과 국민주권으로서의 국가주권이 상충할 수 있다. 개인의 주체적 권리와 국가의 전체적 주권이 일치하지 않으면 국가는 혼란과 무질서에 빠진다.

권리는 스스로 주장하고 남에게 요구할 수 있는 것이다. 그러나 국민들이 서로 권리만을 주장할 때 권리는 보장될 수 없고 국가는 존재 기반을 잃는다. 권리를 주장하고 누리는 이도 국민이고 권리를 지키고 보장하는 이도 국민이기 때문이다. 국민이 서로 권리를 인정하고 존중하는 주체적 자발성과 헌신성이 있을 때만 권리는 지켜지고 존중된다. 먼저 주는 이가 있을 때 받는 이가 있을 수 있다. 주는 것이 먼저다. 권리가 받으려는 것이라면 권리 이전에 권리를 인정하고 존중하는 이, 권리를 지켜 주는 이가 있어야 한다. 권리가 자연적으로 타고난 것이라고 해도 타고난 권리를 스스로 지키지 않으면, 자신의 권리를 스스로 인정하고 존중하지 않으면 권리는 지켜질 수 없다. 남의 권리를 지켜 주지는 않고 나의 권리를 남에게 주장하고 요구하기만 하면, 권리는 지켜질 수 없다. 권리를 지키는 생의 자발성과 의무가 권리 주장보다 앞선다. 생명生命이란 말 자체가 생명은 권리보다 의무가 앞선 것임을 말해준다. 생生은 명命이다. 생명은 천명과 사명을 이룰 의무를 가진 것이다.


## 민주와 존엄을 실현하는 나라


헌법정신의 최고 가치와 목적은 인간의 존엄을 지키고 실현하는 것이다. 생명과 인간의 존엄은 주체와 전체에 있다. 주체와 전체만이 신령하고 존엄하다. 하늘은 주체의 깊이와 전체의 하나 됨을 나타낸다. 하늘은 나누어질 수 없는 전체 하나, 하나-임이다. 하늘이 열릴 때 비로소 인간의 존엄이 지켜질 수 있다. 사람마다 한울님을 모시고 서로 사람을 한울님으로 섬기려 했던 동학운동, 한 사람 한 사람을 주체로 일으켜 나라의 독립을 이루려 했던 교육운동, 한 사람 한 사람이 일어나 나라의 독립과 통일을 이루려 했던 삼일운동은 민 한 사람 한 사람의 주체적 자유와 민족 전체의 하나 됨을 통합시키는 운동이다.

한겨레는 한, 하늘을 품은 민족이라는 한사상과 정신 속에 이미 인간의 주체와 전체를 일치시키는 인간존엄의 사상이 확립되어 있다. 단군설화의 건국이념인 홍익인간과 재세이화도 인간을 주체와 나라 전체로 보는 인간 존엄의 이념과 정신을 담고 있다. 널리 사람을 이롭게 한다는 것은 사람을 이윤추구의 수단과 도구로 보지 않고 주체로 본다는 것이다. 세상을 이치에 따라 교화시킨다는 것은 세상을 있는 그대로 전체로서 보고 실현시키고 완성시킨다는 것이다.

주체와 전체의 일치를 나타내는 하늘은 한없이 깊고 커서 모름의 어둠 속에 있다. 모름의 어둠 속에 있는 주체와 전체의 일치가 인간의 목적이고 최고 가치다. 감각과 이성의 인식은 인간을 주체와 전체로, 목적으로 인식할 수 없다. 인간의 감각과 이성은 모든 주체를 대상화하고 타자화, 도구화한다. 감각은 껍데기 현상을 보고 느낄 뿐이고 이성은 인식과 사유의 주체인 저 자신을 내놓고 다른 모든 존재를 대상화하고 타자화하며 부분화한다. 하늘에 비추어 볼 때 비로소 인간의 주체와 전체가 드러나고 하늘에서 비로소 인간을 주체와 전체, 목적으로 대할 수 있다. 하늘에 비추어 봄으로써 생명과 정신의 주체와 전체를 인식하고 드러내고 실현하는 생명과 영성의 철학이 요구된다.

# 5장

삼일정신과 철학의 실현

# 1. 세계종교 전통과 서구철학의 반성

### 히브리·기독교 전통

히브리 성경(구약성경)의 종교전통은 강대국들의 불의한 통치에서 그리고 지배층의 억압과 수탈에서 고난당하는 민중의 해방을 갈망했다. 따라서 이 전통에서는 불의하고 무력한 인간들에 대한 비판과 의롭고 전능한 신에 대한 신앙이 대조되었다. 인간과 신 사이에는 건널 수 없는 질적 차이가 있었다. 인간은 신이 될 수 없고 신은 인간이 될 수 없었다. 고통받는 인간(민중)과 하나님의 배타적 관계만 허락되었다. 인간의 주체(나)와 구원자 하나님 사이에는 제삼자가 개입할 수 없었다. 인간의 주체 '나'는 전능하고 절대적인 타자, 영원하고 궁극적인 '너' 앞에서 한없이 작고 무력한 죄인이다. 인간의 죄악에 대한 철저한 회개와 구원자 하나님에 대한 신앙이 강조되었다. 인간의 주체는 신에 의해서 창조되고 해방되며 변화되고 구원된다.

불의한 강대국의 침략과 압제로 오랜 세월 고난을 받아 온 이스라엘 백성은 고난받는 사람의 삶과 상황에서 하나님의 존재와 구원활동을 보게 되었다(이사야 53장). 이들은 하나님과 인간의 질적 차이를 강조하면서도 고난받는 사람의 삶을 하나님과 직결시켰다. 인간과 신의 질적 차이를 강조한 히브리 전통에서 인간의 신격화나 신의 인간화는 철저히 금지되었다.

기독교 신앙전통(신약성경)에서는 사람들이 예수의 삶과 말과 행동에서 그리고 그의 하나님 나라 운동에서 하나님의 존재와 사랑을 경험했다. 예수에게서 하나님을 보고 느끼고, 경험할 수 있었다. 예수는 자신과 다른 사람들이 하나님의 자녀라고 했을 뿐 자신이 하나님이라고 말한 적은 없었다. 예수를 따르고 믿었던 이들은 예수의 십자가 고난과 죽음에서 하나님이 죽음을 이기고 생명을 살리고 구원했다고 고백했다. 예수의 삶과 죽음에서 히브리 신앙전통은 극복되고 성숙되었으며 열매를 맺은 것이다. 예수의 삶과 죽음에서 하나님과 인간은 참되게 만났으며 새 역사와 새 공동체를 지을 수 있게 되었다.

그리스·로마의 종교문화권에서 비로소 예수의 신격화가 가능했다. 그리스·로마에서는 인간과 신 사이에 질적인 차이가 없었다. 신들은 인간들과 다를 바가 없었고 황제, 영웅, 천재들은 '신적 인간'(테이오스 아네르)으로 높여지고 쉽게 신격화되었다. 따라서 예수도 당연히 신적 인간으로 여겨지고, 참 사람이면서 참 하나님이라는 주장이 나오게 되었다. 기독교의 핵심교리인 그리스도론은 예수가 참 사람이면서 참 하나님이라는 주장에 근거한다. 그리스도론에 근거해서 아버지 하나님, 아들 하나님, 성령 하나님이 삼위일체三位一體라는 특이한 교리가 생겨났다.

이런 기독교의 교리는 지식인들에게는 이해하기 어려운 것이었다. 이성과 정신과 영의 관점에서 생각하는 지식인들은 예수의 존재와 가르침을 철저히 영적으로 이해하려고 했다. 이성적이고 영적인 이해와 깨달음을 추구한 이들의 주장을 '영지주의'라고 한다. 영지주의는 인간과 신과 신앙을 영적으로만 이해하고 설명하려고 했다. 이들에게는 몸과 역사(사회)의 구체적 현실이 중요하지 않았고 물질과 육체의 속박에서 영의 구원과 해방이 중요했다.


한국과 동아시아의 전통


삼일정신과 철학이 나온 한국과 동아시아의 종교전통에서는 인간 속에 정기신精氣神이 있다고 보았다. 따라서 신이 인간 속에 내재한 인간학적 실재로 여겨진다. 정精은 신체적인 정력(호르몬)을 나타내고, 기氣는 몸과 정신을 관통하는 기운과 힘을 뜻한다. 신神은 인간 속에 내재한 신령한 기운과 존재이면서 인간을 초월한 영적 존재다. 인간 속에 있는 신성을 통해서 인간 밖에 있는 신과 소통하고 사귈 수 있다.

인간의 본성은 정기신의 세 차원을 지니고 있다. 동아시아에서는 이런 인간의 본성을 천성天性이라고 해서 인간의 본성과 하늘의 본성이 직결되고 일치한다고 생각했다. 인간의 본성은 곧 천성이다. 인간의 본성을 닦으면 천성에 이를 수 있다. 동아시아의 이런 인간 이해는 신과 인간과 자연의 통합적 사고로서 인간과 신 사이의 조화로운 일치를 말한다는 점에서 높이 평가되어야 한다. 그러나 인간과 신과 자연 사이의 역동적 긴장과 차이를 담아 내는 데는 아쉬움이 크다. 무한한 탐욕과 집착에 빠진 인간은 먹고 먹히면서도 큰 조화와 자족自足 속에 사는 자연세계와 얼마나 다른가! 욕심과 편견에 사로잡힌 인간과 의롭고 거룩한 신 사이에, 인간의 불의한 현실과 하늘의 높은 뜻 사이에는 얼마나 큰 간격이 있는가! 인간의 타고난 본성 그대로 하늘의 본성과 뜻에 일치하고 소통하려는 것은 지나치게 낙관적이고 안이한 생각으로 여겨진다. 인간의 마음을 갈고닦아서 타고난 본성을 드러내고 실현하려는 것도 낙관적이고 안이한 생각으로 여겨진다.

이런 동아시아의 낙관적 생각은 인간과 생명의 본성과 실상을 제대로 온전히 나타내지 못하는 것 같다. 생명의 본성은 고정된 실체로서 따로 있는 게 아니다. 생명의 본성은 동일한 자신을 되풀이하거나 반복하는 것도 아니다. 생명의 가장 중요한 본성은 스스로 하는 주체라는 데 있다. 스스로 하는 주체로서 생명은 동일성을 깨고 비동일성에로, 서로 다름과 다양성으로 나아가며 서로 다름과 다양성 속에서 자신의 주체를 새롭게 하고 자라게 하고 깊고 높게 한다.

생명의 본성은 주체로서 스스로 하고 스스로 되고 스스로 저(주체)를 낳는 것이다. 아메바에서 사람에 이르기까지 생명은 새 생명을 낳는 것이며 '나'를 보다 나은 새로운 '나'로 낳으려는 것이다. 저답게 되고 저 자신을 낳음으로써 생명은 스스로 자라고 새로워지고 깊어지고 높아지는 것이다. 이것이 물질과 기계, 기술과 정보와 구별되는 생명과 정신의 특징이다. 물질과 기계, 기술과 정보는 마음과 혼, 다시 말해 주체가 없는 것으로서 동일성의 세계에 속하며 동일한 자신을 되풀이한다. 물질세계도 서로 다르고 다양성을 가질 수 있지만 주체가 없으므로 자신의 본성을 질적으로 새롭게 달라지게 할 수는 없다. 따라서 그것들은 복사할 수 있고 복제할 수 있는 것이지만 저를 새롭게 낳을 수는 없는 것이다. 생명과 정신은 저 자신을 새롭게 낳을 뿐, 복사하거나 복제할 수 없는 것이다. 맘은 복사할 수 없고 영혼은 복제할 수 없는 것이다. 생명을 복제한다는 말은 생명의 생명다운 본성과 특징을 무시하고 생명을 물질적이고 육체적인 차원에서 기계적이고 공학적으로만 설명한 것이다. 생명은 자기를 복제하는 존재가 아니라 자기를 새롭게 낳는 존재다.

스스로 변하고 새로워지는 주체로서의 생명은 내적 깊이

를 가지며 내적 깊이에서 전체와 이어져 있다. 생명의 개체 속에 전체가 있고 생명의 전체 안에 개체가 있다. 생명의 개체는 전체를 품고 있으면서 전체와의 깊은 관련 속에서 산다. 생명의 주체와 전체는 서로 긴밀한 관련 속에서 늘 새롭게 자라고 바뀌고 높아지고 깊어지며 새롭게 태어나는 것이다. 생명의 개체는 늘 스스로를 깨트리고 탈바꿈함으로써 자라고 새롭게 태어난다. 늘 새롭게 탈바꿈하고 새롭게 태어남으로써 생명의 개체는 생명 전체의 하나 됨을 드러내고 구현한다.

## 씨올 사상

씨올사상을 닦아 낸 유영모와 함석헌은 기독교적 신관과 동아시아적 인간관을 결합함으로써 인간과 신 사이의 일치와 소통을 말하면서 인간과 신 사이의 긴장과 변화를 강조한다. 유영모와 함석헌에 따르면 인간은 신의 자녀들로서 신의 품성과 모습을 지니고 있지만 신과는 거리가 있다. 인간의 가장 깊은 본성 속에 신(하늘)의 본성이 숨어 있지만 그 본성이 드러나고 실현되기 위해서는 인간의 본성이 뚫리고 탈바꿈되어야 한다. 인간의 본성은 씨올과 같은 것이다. 인간의 본성은 그 속에 하늘의 본성과 뜻, 영원한 신적 생명을 품고 있지만 씨올처럼 스스로 깨지고 싹이 터서 탈바꿈해야 하늘의 본성과 뜻, 영원한 신적 생명을 꽃피우고 열매 맺을 수 있다.

씨올에서 '씨'는 낱개로서의 생명을 나타내고 '올'은 생명의 알맹이를 나타낸다. 씨올은 낱개로서의 생명 속에 하늘의 영원한 신적 생명이 담겨 있음을 나타낸다. 인간의 몸과 맘속에 우주의 역사, 생명진화의 역사, 인류 역사, 민족사가 압축되어 있고 그 속에 영원한 신적 생명의 불씨가 들어 있다. 씨올은 참된 주체와 참된 전체의 역동적·과정적 통일을 나타낸다. 인간의 본성(주체)이 하늘의 본성(전체)과 소통하고 일치하려면, 참된 주체와 참된 전체가 통일되려면, 인간의 본성과 주체는 하나의 씨올처럼 깨지고 죽음으로써 새 생명의 싹이 트고 꽃이 피고 열매를 맺어야 한다. 깨지고 비우고 죽는 변화의 과정을 거칠 때 비로소 인간의 타고난 본성은 탈바꿈되어 하늘의 본성과 일치할 수 있다.


서구철학의 반성적 비판


서양의 근대화는 종교의 영향에서 벗어나 이성과 과학이 주도하는 세상으로 나아갔다. 따라서 서양의 근대정신과 철학은 종교(하늘)를 버리고 인간의 감각과 이성에 토대를 두고 형성되고 발전되었다. 하늘의 영성을 잃은 서구근대정신과 철학은 생명과 영의 철학으로서는 근본적 한계와 문제를 안고 있다.

이성의 철학자 칸트는 인간을 수단으로 대하지 말고 목적으로 대하라고 했다. 인간을 수단으로 대한다는 것은 인간을 표면과 부분으로 대한다는 말이고, 인간을 목적으로 대한다는 것은 인간을 주체와 전체로 대한다는 말이다. 그러나 그의 인식철학은 모든 존재를 표면과 부분으로 인식하고 대상화하고 타자화할 뿐 주체와 전체로 인식하지 못한다. 그는 인간의 감각과 이성이 사물 자체Ding an sich를 있는 그대로 인식하지 못한다는 것을 인정하고 인간의 감각과 이성이 인식하는 것은 존재 자체가 아니라 존재의 현상이라고 하였다. 인간을 목적으로 대하라는 칸트의 도덕철학과 존재를 있는 그대로 주체와 전체로 보지 못하고 현상만을 인식하는 그의 인식철학 사이에는 건너기 어려운 간격이 있다.

서구의 근현대철학은 인간의 주체를 물질적·사회역사적 전체 속에 종속시키고 해체시키는 유물론 철학, 사회역사적 전체와 분리·고립시키는 실존철학, 관념과 정신 속에서 주체와 전체를 동일화하는 관념철학으로 분열되었다. 서구의 근현대철학은 인간의 참된 주체와 전체의 만남과 일치에 이르지 못했다.

오늘날 서구철학자 가운데 인간관계와 주체에 관해 가장 깊고 새로운 통찰을 준 철학자로 존경받고 연구되는 사람은 에마뉘엘 레비나스Emmanuel Lévinas다. 유대인 철학자 레비나스는 5년 동안 독일군 포로 생활을 했던 고난의 경험을 바탕으로 타자의 주체와 존엄을 강조하는 윤리철학을 제시했다. 레비나스

는 인간의 주체가 이성적 관념과 사회적 욕망에 의해 지배되고
포획되는 것을 방지하고, 타자에 의해서 동일화되는 것을 막기
위해서 타자의 타자성을 "무한히 선험적이며, 무한히 이질적이
다"라고 주장했다. 레비나스가 존재의 동일성과 전체성을 부정
하고 타자의 선험성과 이질성을 강조한 것은 타자의 주체성과
주체의 초월성을 지키기 위한 것이지만 이런 레비나스의 철학
은 공동체적 협동과 사귐에 이를 수 없다. 나의 이웃인 타자가
무한히 초월적이고 이질적인 존재로 남아 있는 한 '나'와 가까
이 사귈 수도 없고 서로 협동할 수 없기 때문이다.

레비나스의 철학에서는 고난받는 타자의 초월성이 지나치
게 강조되고 '나'의 자리는 지나치게 약화되고 좁아졌다. 그의
철학에는 개인적·이성적 주체의 지배와 국가사회주의(파시즘)
권력의 전체주의적 폭력에 대한 저항과 부정이 담겨 있다. 2차
세계대전에서 히틀러와 나치스의 국가주의적 폭력을 경험한 레
비나스의 철학은 인간 이성의 주체와 국가사회 집단의 전체에
대한 부정과 거부를 담고 있다. 그의 철학과 정신의 바탕을 이
루는 탈무드와 히브리 전통은 제국주의적 지배와 폭력에 대한
아픈 경험과 저항 속에서 형성되었다. 이 전통에서 하나님은 영
원한 타자로서 제국주의적 집단의 주체와 피압박 민족의 주체
를 압도한다. 유대인 철학자 마르틴 부버가 '영원한 너'를 중심
으로 '나'를 이해하고 규정했듯이 레비나스도 무한히 초월적이
고 이질적인 타자를 중심으로 '나'를 이해하고 규정한다. 이것

은 매우 소극적이고 편협한 주체 이해다.

씨올사상을 정립한 유영모와 함석헌은 레비나스와 마찬가지로 제국주의적 지배와 폭력을 경험했고 히브리·기독교 전통을 깊이 받아들였으면서도 주체인 '나'를 중심으로 '서로 주체'의 철학을 형성했다. 그들은 지배자(강자, 가해자)의 관점에서 벗어났지만 피해자(약자, 고난받는 자)의 관점에만 머물지도 않았다. 물론 그들은 고난받는 피해자, 약자의 심정과 처지에서 생각하고 고난받는 약자가 스스로 주체로 일어서도록 격려하고 호소했다. 씨올사상은 고난받는 약자의 주체에서 생각과 행동을 시작한다. 그러나 삼일운동과 마찬가지로 고난받는 약자의 자리에만 머물러 있지 않는다. 삼일독립선언서는 강자이고 가해자인 일본을 깨우치고 설득해서 정의와 평화의 길로 초대한다. 삼일운동에서 고난받는 약자인 한민족은 스스로 주체로 일어나서 민족의 자주독립을 내세우며 강자와 약자, 가해자와 피해자가 함께 정의와 평화의 세계로 나아가는 길을 열었다.

삼일정신을 이어받은 유영모와 함석헌은 고난받는 약자들인 씨올들이 강자와 약자, 지배자와 피지배자, 가해자와 피해자, 폭력을 휘두르는 자와 고난받는 자의 이분법적·대립적 관점을 뛰어넘어 전체의 자리에서 서로 주체로서 협동과 자치의 세계를 여는 철학을 제시했다. 삼일운동은 식민지 백성으로서 고난당한 한민족이 주체로 나서서 한국의 자주독립을 내세우며 한국과 일본이 서로 주체로서 정의와 평화의 세계를 열어 가자고 당당하게 선언한 운동이다. 삼일운동의 정신과 철학은 가해자의 관점을 넘어서고 고난받는 피해자만의 관점에서도 벗어나 전체의 자리에서 서로 주체로서 정의와 평화를 열어 가는 정신과 철학이다. 유영모와 함석헌의 씨올사상은 삼일운동의 정신과 철학을 가장 깊고 바르게 담아 낸 사상이다. 사람은 주체로서 전체 생명의 씨올이다. 서로 주체인 씨올은 자신을 깨트림으로써 전체 생명을 살리고 높인다.

공동체와 협동조합을 이루기 위해서는 타자의 주체성뿐 아니라 타자와 나의 소통과 일치를 말할 수 있어야 한다. 사람은 고립된 개체가 아니라 더불어 사는 관계적 존재다. 사람과 사람은 서로 다른 개성적 주체면서도 서로 주체로서 서로 감응하고 공명하는 전체성과 통일성을 지향한다. 사람과 사람은 남남이면서 남남으로만 머물지 않고 서로 하나이며 그리운 님, '그이'가 될 수 있다. 우리가 부르는 하나님은 히브리·기독교 전통에서 말하는 영원한 타자가 아니라 나와 너와 그를 하나이게 하는 '하나임', '하나-님'이고 '한 나', '큰 나'를 지닌 '님'이다. 한국인들에게 하나님은 '그리운 님'이다. 저마다의 속 깊이에서, 주체의 자유와 깊이에서 전체의 하나 됨으로 이끄는 '그이'다. 한국인들은 저마다 참 나가 되게 하고 전체 하나로 이끄는 '한', '하나', '하나님'(하늘)을 품고 모시고 사는 이들이다. 그러므로 사람은 서로 다른 주체이면서 서로 통하고 사귀고 하나가 될 수 있다.

　　동학운동에서 독립협회와 만민공동회, 교육입국운동을 거쳐 삼일운동에 이르기까지 이어 온 참된 민주정신과 철학은 한 사람이 주체로 일어서면 민족 전체가 하나로 일어선다는 주장으로 압축된다. 삼일정신과 철학은 한 사람의 주체의 깊이에서 전체의 하나 됨에 이르는 정신과 철학이다. 삼일정신과 철학은 한 사람(하나) 속에서 민족 전체를 보고, 민족 전체 속에서 한 사람을 본다. 삼일정신은 민을 나라의 주인과 주체로, 어른으로 받들어 섬기는 정신이다. 한민족의 맘속에 하늘이 열렸기 때문에 전체의 자리에서 주체로 일어서는 삼일운동이 일어났다.

## 2. 삼일정신에 비추어 본
### 정치·경제·문화·교육

식민통치, 남북분단과 전쟁, 군사독재를 거치면서 삼일정신은 외면당하고 억압되었다. 따라서 삼일정신은 헌법전문에만 살아 있고 정치·경제·문화·교육의 현장에서는 찾아보기 어렵다. 민주적인 공직문화, 다시 말해 민주적인 공직의식과 관행이 확립되지 않았고 민중의 민주적 정치의식과 사회적 기풍도 확립되지 못했다.

형식적·절차적 민주화가 진행되면서 민주적인 법과 제도와 절차가 마련되었다. 겉은 민주적으로 포장되었으나 속은 반민주적 특권의식과 부패가 만연해 있다. 민중이 겉으로는 정치적 자유와 언론의 자유를 누리는 것처럼 보이지만 실제로는 민중에게 전근대적 사회의식과 비민주적 행태가 남아 있다. 낡고 후진적인 지역주의와 파벌주의가 여전히 우리 사회에서 세력을 떨치고 있다.

오랜 세월 한국 민중은 마을공동체 속에서 자조와 협동의 정신과 기풍을 키워 왔다. 그러나 한국 민중은 현대적인 사회질서와 체제를 스스로 형성하고 발전시키고 책임적으로 운영한 경험이 없다. 따라서 국가적인 재난과 위기를 맞을 때는 일시적으로 놀라울 정도로 자조와 협동의 자발적 헌신성을 보여주지만 일상적인 사회생활 속에서 자치와 협동의 의식과 기풍, 틀과 양식을 확립하지 못하고 있다.

조선왕조, 일제의 식민통치, 남북분단과 전쟁, 군사독재를 거치면서 반민주적인 질서와 체제가 확립되었고, 이러한 반민주적인 질서와 체제에 대한 민중의 불신과 저항의 뿌리는 깊다. 반민주적인 질서와 체제에 대한 저항과 비판의식은 민주화운동의 동력이 되기도 했지만 이런 저항과 비판의식만으로는 건전한 민주사회를 형성할 수 없다. 민주사회에서 민중은 정치질서와 체제의 주인과 주체로서 질서와 체제에 대해서 무한책임을 져야 한다. 왜냐하면 민이 스스로 정치질서와 체제를 형성하고 발전시킬 뿐 아니라 스스로 운영하고 이끌어야 하기 때문이다.


삼일정신과 철학에 비추어 본 정치·경제·문화·교육


삼일운동의 정신과 철학을 확립하고 사회적으로 실천하기 위해서 삼일운동의 민주정신과 헌법의 국민주권에 비추어 정치, 경제, 문화, 교육에 대한 기본적인 이해와 생각을 정리할 필요가 있다. 삼일운동은 아래서부터 민이 서로 주체로서 자치와 협동의 방식으로 추진하고 전개한 운동이다. 영웅적인 지도자가 권위적으로 이끌었던 운동이 아니다. 이름 없는 다수의 민중이 함께 일어난 자발적인 운동이다. 삼일운동이 타파하려고 했던 낡은 군사적 국가주의체제는 한 사람의 뛰어난 영도자가 이끄는 강력한 권위주의체제다. 그것은 수직적·일원적·일방적 체제다. 삼일운동은 이와는 정반대의 원리와 방식으로 추진되고 전개되었다. 삼일운동을 준비하고 계획하고 추진한 지도체제는 일원화되었으나, 삼일운동이 실제로 지역에서 추진되고 전개된 원리와 방식은 수평적이고 다원적이며 쌍방적이었다. 모든 민중이 서로 주체로서 평등하게 참여했고 자발적으로 자유롭게 서로 힘과 뜻을 모아서 독립만세운동을 벌였다. 일제의 식민통치가 반영하는 낡은 군국주의적 국가주의 체제는 수직적이고 일원적이고 일방적이다. 삼일운동은 이와는 정반대로 온 국민이 서로 주체로서 일어난 수평적이고 다원적이고 쌍방적인 관계와 원리를 나타낸다. 삼일운동은 민주와 평화의 새로운 국가문명의 관계와 원리를 제시한다.

### 정치

민주시대의 정치는 갈등하는 개인과 집단의 이해관계를 조정하는 것이 아니다. 정치세력의 이해관계를 조정하는 것은 기득권세력의 지배를 정당화하고 기득권을 강화하는 것이다. 귀족 엘리트와 가난한 농민계층의 동맹으로 이룩된 그리스의 도시국가나 지배세력의 권력투쟁으로 세워진 낡은 국가들에서는 개인과 집단의 이해관계와 갈등을 조정하는 것이 정치였다. 그러나 이것은 민주시대의 정치가 아니다. 민주정치는 민의 주체와 전체를 세우고 실현하는 것이며, 자치와 협동의 공동체를 건설하고 조직하는 것이다. 다시 말해 절대 다수인 민의 참된 의사를 결집하고 실현하는 것이다.

또한 민주정치는 사회와 경제에서 특권과 반민주적 관행을 제거하고 정의를 실현하는 것이다. 지위와 능력과 업적에 따라 명예와 재산과 지위를 분배하는 것이 정의라고 본 아리스토텔레스의 정의관이 현대사회에서도 여전히 받아들여지고 있다. 그러나 이런 정의관은 사회주도세력의 정의관이지 민주시대의 정의관은 아니다. 민주시대에는 민의 주체를 억압하고 나라의 전체를 왜곡하는 것이 불의이고, 민의 주체와 나라의 전체를 드러내고 실현하는 것이 정의다. 사회와 경제에서 민의 주체와 나라의 전체를 드러내고 실현하는 것이 사회와 경제의 민주화이며 사회와 경제의 민주화가 바로 민주시대의 정의다.

민의 주체와 전체를 드러내고 사회와 경제의 민주화를 이루려면 민을 다스리는 낡은 정치에서 민이 다스리는 자치로 나아가야 한다. 민이 서로 주체가 되어 다스리는 협동과 상생의 지역자치, 마을자치로 대의정치의 토대와 목적을 마련해야 한다.

정치인, 공직자, 국회의원은 민의 비서이고 심부름꾼이다. 민주 정치는 민의 주권과 의지를 충실히 실현해야 한다. 그러기 위해서는 정치인과 지식인은 민의 자치와 협동을 위한 길을 여는 데 앞장서야 한다.

민의 자치와 협동, 민심과 민의를 바탕으로 공권력을 확장하고 강화함으로써 상위 1퍼센트의 독점과 지배를 깨고 99퍼센트의 주권과 의지를 반영하고 실현하는 정치가 되어야 한다. 상위 1퍼센트의 엘리트와 99퍼센트의 민중 사이에서 자유와 창의, 협동과 상생을 바탕으로 정의와 평화를 실현하는 사회적 대타협을 이루어야 하고, 상생과 공존을 위한 지침과 법을 마련해야 한다.

### 경제

자유롭고 창조적인 기업 활동을 허용하되, 기업 활동의 목적과 가치가 자본가와 기업인의 사적 재산과 욕구를 증대시키고 충족시키는 데 머물러서는 안 된다. 기업 활동으로 얻은 재화는 생의 본성과 목적, 나라의 존재 이유와 목적을 실현하는 데 쓰여야 한다. 민의 주체적 자유와 깊이에서 민족 전체의 하나 됨에 이르는 것이 나라의 사명과 목적이고 하늘의 뜻이다. 돈은 나라의 사명과 목적을 위해, 하늘의 뜻을 이루기 위해 쓰여야 한다.

이윤추구와 자유경쟁을 바탕으로 하는 자유시장경제와 서

로 가진 것을 나누며 필요한 것을 주고받는 유무상통有無相通의 시장경제가 결합해야 한다. 유무상통의 시장경제는 자치와 협동의 시장경제다. 자치와 협동의 영역이 확장될수록 유무상통의 시장경제도 확장될 것이다. 유무상통의 시장경제는 내가 많이 가진 것을 내어 주고 내게 부족하고 없는 것을 받는 것이다. 내가 가진 것을 내어 주고 나누니 사랑과 인정이 넘치고, 부족하고 없는 것을 남에게서 받으니 기쁘고 신이 난다. 있는 것과 없는 것을 서로 나누고 서로 통하는 유무상통의 시장경제는 인정과 신명이 넘치는 시장경제다. 이윤추구와 자유경쟁만을 일삼는 자유시장경제는 인간의 생명과 정신과 공동체를 파괴할 수밖에 없다. 유무상통의 시장경제가 바탕에 든든하게 살아 있을 때 자유시장경제는 인간의 생명과 공동체를 풍요롭게 하고 활력을 주는 효율적인 경제로 살아남을 수 있다.

## 문화

물질과 형식, 제도와 기술은 생명과 정신의 껍데기다. 문화는 껍데기를 뚫고 알맹이를 드러내는 것이고 껍데기로 알맹이를 나타내는 것이다. 생명과 정신의 알맹이는 주체와 전체다. 주체와 전체가 일치할 때 생명과 정신은 완성과 목적에 이른다. 문화는 주체와 전체의 일치를 드러내고 표현하자는 것이다.

문화는 자연과 기술의 삶에서 생과 인간의 주체와 전체를 감성과 지성과 영성의 빛으로 드러내고 표현하고 실현하는 것이다. 주체인 맘과 얼과 혼이 전체의 하나 됨을 드러낼 때 아름답고 거룩하고 값진 삶이 이루어진다. 스스로 할 때, 제소리를 낼 때 저마다 저답게 드러날 때 문화가 빛난다. 전체 하나(한)가 드러나고 실현될 때 감성과 지성과 영성이 생명과 정신의 주체와 전체를 드러낼 때 아름답고 빛나는 문화가 피어난다.

문화와 예술은 만물과 생명과 정신의 저마다 저다운 개성을 드러내고 표현하는 것이며 개체와 부분(사과 한 알)에서 전체(우주)를 감지하고 표현하는 것이다. 생명과 존재의 저다운 개성과 주체를 드러내고 개체와 부분과 유한에서 전체와 무한을 보고 표현하는 것이다. 그러나 문화는 주체의 깊은 개성과 자유를 표면화하는 것이고 전체와 무한을 부분과 유한 속에 가두는 것이다. 문화는 생명과 정신의 알맹이인 주체와 전체를 가리고 왜곡하기 쉽다. 따라서 문화는 늘 자기비판과 부정을 통해서 개혁되고 갱신되지 않으면 낡아지고 타락하게 된다.

### 교육

지식과 기술을 익히고 기능과 역량을 기르는 교육에 머물지 않고, 주체의 깊이와 자유를 기르고 전체의 자리에서 생각하고 행동하게 이끄는 교육에 이르러야 한다. 저마다 저답게 되고 제가 저를 낳아 제소리를 하고 제 삶을 살게 하는 교육이 참교육이다. 참으로 나다운 나는 나를 바로 세우고 완성할 뿐 아니라 전체의 자리에서 전체를 살리고 세우고 높인다. 교육은 사람들이 전체의 자리에서 서로 주체로서 사는 법과 길을 가르치고 배우는 것이다.

교육은 글文에서 사람人을 찾고 만나고 배우는 것이며 글을 통해 사람을 만들고 사람이 되자는 것이다. 글은 그를 그리는 것이고 글을 통해 그이, 참 사람을 찾고 만나고 그이가 되자는 것이다. 그이는 주체의 깊이에서 전체의 하나 됨에 이른 이다. 나, 너, 그가 함께 신뢰하고 존중하는 이다. 주체의 깊이와 자유에서 전체의 자리에 이른 그이는 전체의 자리에서 한 사람 한 사람을 주체로 보고 주체로 세우고 이끄는 이다.

그이가 되려면, 위로 하늘과 통하고 옆으로 이웃, 만물과 통해야 한다. 나와 하늘의 사이, 나와 이웃의 사이가 줄곧 뚫려 있어야 한다. 줄곧 뚫리려면 자신의 맘을 하늘처럼 비워야 한다. 맘을 비워서 하늘이 열리고 맘이 줄곧 뚫려야 전체의 자리에서 주체를 주체로 보고 주체를 주체로 섬길 수 있다.

# 3. 삼일정신과 철학의 실현

민주정신의 실현

삼일운동은 민중을 특정한 이념과 목적의 도구와 수단으로 여기고 동원의 대상으로 삼은 과거의 운동과는 구별된다. 과거의 운동에서는 지식인 엘리트나 영웅적 인물이 앞장서 이끌고 민중은 뒤에서 따라갔다. 삼일운동에서는 지식인 엘리트가 뒷전으로 물러서서 민중이 앞장서도록 민중에게 겸허히 호소한 운동이다. 삼일운동은 민중이 스스로 일어서서 조선의 독립과 세계의 평화를 이루기 위해 앞장선 운동이다. 이 점에서 삼일운동은 참된 민주운동이다.

삼일운동에서 민은 전체의 자리에 선 주체다. 전체의 자리에 선 주체는 공적 인간이며 공적 인간은 나와 너와 그가 함께 믿고 존중하고 따르는 '그이'다. 그이는 주체와 전체가 일치된 사람이다. 맘속에 하늘을 품고 하늘이 열린 사람만이 참된 전체의 자리에서 참된 주체가 될 수 있다. 삼일운동에서 나라의 독립을 위해 몸을 바친 민은 모두 나라 전체의 자리에서 참된 주체가 되었고 우리 모두에게 그이가 되었다. 그이는 전체의 자리에서 나와 남을 주체로 세우고 전체로 이끄는 이다. 하늘을 품고 하늘이 열린 그이만이 나와 남을 주체로 보고 인정하고 세우고 높일 수 있으며 전체를 드러내고 전체로 이끌 수 있다.

그이는 한 사람에게서 나라 전체를 보고 나라 전체에서 한 사람을 보는 이다. 한 사람의 생존이 짓밟히면 나라 전체가 짓밟힌 것이고 한 사람의 인권과 자유가 억압되면 나라의 주권이 억눌린 것이다. 그러므로 한 사람이 겪는 고난과 불의는 한 사람 개인의 문제가 아니라 나라 전체의 문제다. 그러므로 그이는 사심이 없고 집단의 이해관계에 휘둘리지 않고 하늘처럼 겸허하고 빈 맘으로 한 사람의 아픔과 불행을 보고 나라 전체를 생각해야 한다.


## 민주적이고 정의로우며 세계적인 문화 국가


한국 근현대사의 과제는 민주화(산업화)와 동서 문명의 만남(세계화)을 완성하는 것이다. 한국의 근현대사는 조선왕조의 붕괴, 식민지 고난, 남북분단과 전쟁, 군사독재를 이기고 세계적

수준과 차원에서 민주화와 산업화를 이루어 가는 과정이었다. 나라를 잃고 식민지가 되고 나라가 분단되고 전쟁을 하는 고통 속에서 민주화와 산업화를 이룬 것은 세계역사의 쓰레기 더미에서 아름다운 꽃과 열매를 피워 낸 것과 같다. 삼일운동이 제시한 독립된 한국의 미래상을 세 가지로 설명할 수 있다.

첫째, 민주화. 자유와 평등의 나라를 이루어야 한다. 민주적 공직문화를 확립하고, 특권의식과 관행을 없애고 공직자의 민주의식과 관행을 형성해야 한다. 민중의 민주적인 의식과 생활양식과 기풍을 형성해야 한다. 진정한 민주화를 이루기 위해서는 서로 주체가 되는 자치와 협동의 나라를 만들어 가야 한다.

둘째, 정의로운 나라. 나라의 주인인 민이 중심이 되는 경제와 사회를 만들어야 한다. 그러기 위해서 경제정의와 경제민주화를 이룬 나라가 되어야 한다. 산업자본주의의 탐욕과 사회의 양극화를 넘어서 자치와 협동, 인정과 흥겨움이 넘치는 유무상통의 시장, 상생과 공존의 생산, 유통, 소비를 이루는 나라가 되어야 한다.

셋째, 세계적 품위를 가진 문화국가. 동서문명의 만남 속에서 세계시민의 신뢰와 존중을 받는 국가가 되어야 한다. 동서고금의 종교전통을 아우르는 종교철학의 영성과 이상을 제시하는 나라, 세계평화와 통일을 지향하는 국가주권을 세워야 한다.

## 세계평화의 실현

평화는 생명과 정신이 불의한 억압을 뚫고 솟아오르는 것이며, 자신을 쭉쭉 뻗어서 꽃을 피우고 열매를 맺는 것이다. 세계평화는 모든 인류, 모든 민족과 국가가 불의한 억압과 수탈에서 벗어나 저마다 저답게 자유로운 삶을 사는 것이고 서로 주체로서 자신의 삶을 실현하고 완성하여 서로 이롭게 하는 것이다.

삼일정신 속에는 불의하고 폭력적인 국가주의의 모순과 갈등을 넘어서 세계평화를 이루려는 이상과 열망이 담겨 있다. 식민지 고난, 남북전쟁과 분단, 군사독재의 고난을 겪고 민주화와 산업화를 이룬 한민족은 세계평화와 정의를 말할 자격이 있다. 식민지 고난과 남북분단과 전쟁의 아픔과 시련은 강대국들의 대립과 다툼에서 비롯된 것이다. 한반도에서 평화로운 방식으로 민주적이고 통일된 나라를 세우는 것은 세계 강대국들의 갈등과 대립을 풀고 세계평화에 이르는 길이다.

한국, 동아시아, 세계에서 세계평화를 실현하기 위한 조건과 원칙을 여섯 가지로 제시할 수 있다.

### 빈부격차의 해소

사회적 양극화와 빈부격차가 심화되면 많은 사람이 가난과 질병, 굶주림과 죽음으로 내몰리고, 사회적 갈등, 전쟁과 폭력의 수렁으로 빠진다. 평화平和는 '밥이 고르게 입으로 들어가는 것'을 뜻한다. 세계적인 차원에서 경제정의와 민주화를 통해 빈부격차를 해소하고 민중을 가난과 굶주림, 죽음과 질병에서 벗어나게 하는 것이 전쟁과 폭력의 수렁에서 벗어나 세계평화를 이루는 지름길이다.

### 민족국가주의의 극복

세계인류가 하나로 이어지고 소통하는 세계화시대로 들어섰는데 민족과 인종, 국가가 인류를 갈등과 대립 속에 가두어 놓고 있다. 민족과 국가의 대립과 갈등을 넘어서 세계인류를 하나로 품는 우주적 품을 마련해야 한다. 한국은 남과 북으로 나뉘어서 남한과 북한이 국가주의적 대립과 갈등, 적대적 대결의 늪에 빠졌다. 한반도는 두 개의 국가로 분단되어 국가주의적 대결과 모순이 가장 격화된 지역이다. 한민족의 분단과 대립은 미국, 중국, 러시아, 일본과 같은 세계강대국들의 정치적 대립과 이해관계에 따라 형성되고 유지·강화되고 있다. 민족국가주의를 넘어서 그리고 세계강대국들의 지배와 억압에서 벗어나 한반도에서 평화로운 통일국가를 세우는 것은 조선의 자주독립을 통해 동아시아와 세계평화로 나아가자는 삼일정신과 이념을 실현하는 것이며 동아시아와 세계 평화에 이르는 길을 여는 것이다.

### 종교 간의 평화

오늘 세계에서는 동서고금의 종교전통과 문화들이 하나로 합류하고 있다. 서로 다른 종교문화전통이 합류함으로써 갈등과 대립이 격화되기도 하지만 새롭고 통합적인 정신과 철학의 세계가 열리고 있다. 종교와 철학은 인간 심성의 가장 깊은 곳에 자리 잡은 것이므로 종교들 사이의 갈등과 대립은 인간 심성과 정신의 가장 깊은 곳에서 일어나는 것이다. 오늘 인류사회에서 일어나는 갈등과 대립의 가장 깊은 자리에서 가장 강력하게 작용하는 것이 종교·문화적 갈등과 대립이다. 따라서 이 종교·문화적 갈등과 대립을 풀지 않고는 세계평화를 이룰 수 없다. 한스 큉의 말대로 "종교 간의 평화 없이는 세계평화가 없다". 서로 다른 종교와 종교인들 사이에 서로 배우고 알기 위한 대화가 이루어지고 종교적 진리의 실천을 위한 협력이 이루어져야 한다.

### 세계평화와 통일을 위한 새로운 영성과 철학

동서고금의 종교문화전통들의 합류와 창조적 만남은 세계평화와 통일을 위한 새로운 정신과 철학을 형성할 수 있는 토대가 된다. 동양의 심오한 종교문화 전통과 서양의 기독교 정신, 민주정신, 과학정신이 합류하고 있는 한국의 근현대는 세계평화와 통일을 위한 새로운 영성과 철학을 낳을 수 있는 토대와 바탕을 가지고 있다. 한국의 근현대는 동서정신문화의 깊은 강물이 합류하는 두물머리다. 세계평화와 통일을 위한 새로운 정신과 철학을 닦아 낼 과제와 책임이 우리에게 있다.

### 세계평화운동의 자리

한반도는 세계평화운동을 시작하는 자리가 될 뿐 아니라 세계평화교육의 마당이 될 수 있다. 나라를 잃고 식민지가 되고 민족이 분단되어 민족전쟁을 치르고 오랜 군사독재를 거치면서도 민주화와 산업화를 이룩한 나라다. 아직 남과 북 사이에 철조망이 쳐지고 군사적 대결이 심화되는 상황에서 민족의 평화통일을 열망하는 나라다. 이런 나라에서 세계평화를 꿈꾸며 가르치는 것은 자연스럽고 절실하게 요청되는 일이다.

세계평화 운동을 시작하고 세계평화교육의 마당을 펼치는 자리는 구체적으로 어디가 좋을까? 70년 동안 남북분단과 대결의 현장이었던 비무장지대가 세계평화운동을 선언하고 세계평화를 위한 교육의 장이 될 수 있다. 비무장 지대가 평화교육과 실천의 마당이 되려면 남북한 주민들 사이에 평화와 정의를 향한 열정과 신념이 갈등과 대립을 넘어서는 하나의 큰 흐름으로 흘러넘쳐야 한다. 남한 사회 안에서 갈등과 대립을 극복하지 못하는데 어떻게 북한과 남한 사이의 갈등과 대립을 넘어설 수 있겠는가? 사람들의 마음에 그리고 한반도에 하늘이 열려서 정의와 평화의 큰 흐름이 생겨날 때 남과 북의 평화와 통일을 여는 운동이 비무장 지대에서 일어날 것이다.

제주도가 세계평화와 통일의 꿈과 운동이 싹트는 자리가 될 수 있을 것이다. 제주도는 한국과 일본과 중국 사이에 있는 섬이다. 북한과 남한의 대립과 전쟁에서 벗어난 곳이고 한국과 중국과 일본이 만날 수 있는 자리다. 제주도는 세계평화의 섬이 될 수 있다. 태평양을 건너 황해바다를 넘어 세계평화의 기운과 물결이 밀려올 때 제주도와 한반도(비무장지대)는 세계평화와 통일의 중심이 될 것이다.

### 세계 평화와 통일의 방식

정치외교가들의 협상과 절충, 군사적인 동맹과 협력, 자본가의 투자와 협정을 통해서 세계평화와 통일의 길이 열리기보다는 민중의 소통과 사귐, 교류와 협력을 통해서 한반도의 평화통일, 동북아의 평화와 번영, 세계평화와 통일의 길이 열려야 한다. 그래야 자유롭고 평등하며 정의롭고 평화로운 세계가 열릴 수 있다. 서로 배우고 서로 섬기기 위해서 동아시아와 세계의 민들이 서로 만나고 사귀고 어울릴 때 새 하늘과 새 땅이 펼쳐질 것이다.

6장

생명평화의 철학과 21세기 시민사회운동

# 1. 한국근현대사와 삼일운동의 정신

21세기는 산업자본주의와 국가주의를 넘어서 생명친화적이고 공동체적이며 민주적이고 세계평화적인 삶의 양식을 펼쳐갈 새로운 시민사회운동을 요구한다. 19, 20세기의 역사적 모순과 갈등을 극복하고 새로운 세계를 열기 위해 일어난 삼일운동의 정신과 철학에는 21세기 시민사회 운동의 철학과 실천을 위한 지침과 실마리가 담겨 있다.

삼일운동의 정신과 철학은 자연생명과 인간역사와 신적 영성天命의 세 차원을 아우르는 통합의 철학이면서 자유와 평등의 공동체적 자치를 실현하는 민주생활철학이다.

생명평화의 영성 철학으로서 삼일운동의 철학은 동서 문화가 합류된 한국 근현대의 정신과 철학을 담고 있다. 한국 근현대사는 실학과 개화파, 독립협회와 만민공동회, 교육입국운동을 통해서 서구의 학문과 기술, 민주정신과 기독교정신을 받아들였다. 또한 민족(민중)의 자각운동으로서 한국 근현대사는 동학(천도교)과 교육운동을 통해서 동아시아와 한국의 정신과 문화를 분출하고 꽃피웠다. 삼일운동은 한국 근현대정신사의 중심이며 가장 높은 봉우리다. 삼일운동의 정신과 철학에는 동아시아와 한국의 정신과 철학이 담겨 있고 서구의 이성철학과 민주정신과 기독교 정신이 스며있다. 동서양의 정신과 철학이 합류하고 융합되어서 보다 높고 창조적이고 현대적인 삼일운동의 정신과 철학이 닦였다. 유영모와 함석헌은 한국 근현대의 정신과 철학으로서 씨올사상을 형성했다. 씨올사상은 삼일운동의 정신과 철학을 가장 잘 담아 낸 철학과 사상으로 여겨진다.

21세기 시민사회운동은 19세기와 20세기의 자연 파괴적 산업화와 폭력적인 제국주의 문명을 넘어서 자연생명친화적이고 상생과 공존을 추구하는 세계평화 문명을 실현해 가야 한다. 따라서 21세기 시민사회운동의 철학은 자연과 인간과 신(하늘, 영)에 대한 기존의 사상과 철학을 근본적으로 반성하고 극복할 것을 요구한다. 특히 오늘 우리의 학문과 문화는 서구의 학문과 문화에 예속되었다고 할 만큼 서구 학문과 문화의 지배와 영향을 받고 있다. 우리가 받아들인 서구의 학문과 문화에 대한 철저한 비판과 검토가 필요한 시점이다. 21세기 시민사회운동을 위한 생명평화의 영성철학으로 삼일운동의 정신과 철학을 다듬어 내고 발전시키기 위해서는 먼저 자연과 인간과 신에 대한 서양과 동양의 전통 철학을 반성적이고 비판적으로 검토

해야 한다.


### 서양의 자연철학과 자연관


그리스·로마의 건국신화에 따르면 하늘은 절대적인 독재자였으며, 이 하늘을 전복하고 거세하고 제거하는 과정을 거쳐서 나라를 세웠다. 자연과 신을 함께 나타내는 하늘에 대한 적대적이고 정복적인 자세와 관점이 그리스·로마인들의 건국신화에 분명히 나타나 있다. 하늘을 버린 그들의 폴리스 국가공동체는 폴리스 성벽에 의해 자연과 격리되어서 형성되고 유지되고 지켜졌다. 그들의 국가적 삶과 사유思惟는 자연과 격리된 성벽 안에서 이루어짐으로써 자연에 대해 지배와 정복의 적대적 관점을 갖게 되었다. 그들의 정치적 정신문화는 권력투쟁과 계급투쟁을 통해 형성됨으로써, 자연과 타자에 대한 적대적이고 공격적인 관점이 굳어졌다.

이러한 서양의 자연관은 그들의 언어와 언어구조에 의해서 더욱 강화되었다. 그들의 문장에서는 주어가 목적어(객어 상대)와 술어를 지배하고 규정한다. 주어의 성과 수와 격에 따라서 술어의 형태가 결정된다. 앎을 나타내는 'know', 'kennen', 'scio'의 뿌리말 'skei'는 '가르다, 자르다'를 뜻한다. 인식대상인 사물을 가르고 잘라서 분석하고 분해해서 지식, 앎을 얻는다.

그들의 학문, 과학을 나타내는 'science', 'Wissenschaft'는 앎, 지식을 뜻한다. 이런 언어와 정치문화 속에서 형성된 서양의 자연관에는 자연에 대한 적대적이고 정복적인 관점이 담겨 있다. 그들은 자연에 대한 지배와 정복을 통해 인간의 행복과 번영을 추구한다. 자연을 알면 알수록, 자연을 지배하고 이용할 수 있다고 생각했다(데카르트, 베이컨).

히브리·기독교의 경전에서는 하나님이 자연과 인간을 창조하였다. 하나님이 창조한 자연은 신과 분명히 구별되고 무상하고 덧없는 것으로 평가되면서도 하나님의 뜻과 영광을 드러내는 아름답고 소중한 것으로 여겨진다. 자연의 신격화는 거부되지만 자연은 인간과 동일한 신의 피조물로서 자연과 인간의 친근성이 강조된다. 인간은 자연의 동료이면서 자연을 관리하고 다스릴 책임과 사명을 가졌다. 인간은 자연과 함께 신의 뜻을 드러내고 실현할 책임을 가진 존재다. 인간은 신과 구별된 존재이고 자연의 동료이면서 또한 자연과도 구별되는 존재다. 신과 인간과 자연은 서로 구별되면서 간접적으로만 서로 소통하고 연관된다. 때에 따라 신과 인간과 자연은 대립적이고 적대적인 관계 속에서 이해되기도 한다. 히브리·기독교의 자연관에서는 자연과 인간과 신의 친근성이 드러나면서도 자연과 인간과 신 사이의 현실적인 간격과 역동적인 차이가 나타난다.

## 동아시아와 한국의 자연관

동아시아는 자연天과 인간의 본성을 동일시하고 자연의 질서와 원리에 순응하려고 한다. 자연과 인간, 하늘과 인간의 동일성에 바탕을 둔 동양의 낙관적 사유는 자연과 인간과 신(하늘)을 통합하는 유기체적·전일적 사유와 태도를 촉진시키지만 인간과 자연과 신 사이의 긴장과 역동적 차이를 나타내지 못한다. 천인합일의 전일적 사유는 유기체적이고 통합적이며 자연친화적이고 조화로운 사유이다. 그러나 이런 전일적이고 통합적인 사유는 구체적인 개인의 개성과 자유를 억압하고 획일적이고 정태적인 집단적·전체적 사고에 빠지게 할 수 있다. 천(자연, 하늘)이 운명과 결정을 뜻할 경우에 천인합일의 사상은 봉건적 신분질서를 정당화하고 그 질서에 순응하고 예속되도록 강요한다. 천인합일의 일원적·낙관적 사고는 구체적 개인의 개성과 자유를 억누르고 역사와 사회의 혁신과 변화를 부정할 수 있다. 천인합일이나 범아일여梵我一如의 일원적이고 낙관적인 사고가 지닌 문제를 깊이 파악한 석가는 '내'가 없다고 선언하였다.

## 동서정신문화의 비판적 극복과 창조적 계승 1

실학자 정약용은 천인합일의 일원론을 비판하고 개인의 도덕적·실천적 주체를 강조했다. 정약용에게 큰 영향을 미친 마테오 리치는 '무'無와 '공'空을 말하는 도교와 불교를 비판하고, '유'有와 '성'誠을 말하는 유교를 긍정한다. 그는 또한 유교의 옛 경서들에 근거하여 상제와 천주를 동일시한다. 리치는 성리학에서 강조한 천인합일과 물아일체物我一體의 전일적 세계관을 거부하고 천지만물과 천주를 구별하였다. 천주와 구별된 천지만물은 과학적 탐구의 대상이 되고, 신과 만물로부터 구별된 인간 개인의 주체가 강조되었다.

리치와 마찬가지로 다산은 "하늘로부터 받은 본래의 본성(덕성)이 인간에게 있으며 인간과 만물이 일체를 이룬다"는 주자학의 가르침을 비판하고, "모든 진리가 하나로 통한다"는 불교의 만법귀일론萬法歸一論을 부정하였다.[10] 다산은 사물과 자아를 구별하고, 자연현상으로서의 하늘과 윤리실천의 근거로서의 하나님을 구별하였다.[11] 천지만물과 천주를 구별함으로써 자연세계는 과학적 탐구의 대상이 되고, 천지만물과 인간을 구별함으로써 개인의 의지적 노력과 도덕적 실천을 강조하게 되었다. 이로써 다산은 성리학의 도덕적 형이상학에서 벗어나 근대적이고 실학적인 사유에 접근하게 되었다.

다산은 보편을 강조하는 공맹의 본원유학과 개별을 강조하는 서학을 결합하여 근대적인 실학사상을 형성하였다.[12] 그는 본원유학의 심법心法을 천명天命의 순종과 성실의 실천으로 파악했다. 다산은 인간과 하나님의 관계를 명령과 복종의 관계로 보았다.[13] 하나님과의 관계를 명령과 복종의 관계로 보고 '경계하고 신중하며 두려워하는 마음'戒愼恐懼을 강조한 다산에게서는 민의 주체적이고 활달한 생각과 정신이 나타나지 않는다.

민중에 대한 애정을 가지고 과학적인 사고를 하고 당대를 향한 비판정신을 지니고 있었음에도 불구하고, 다산은 왕조시대와 유교전통의 세계관과 가치관에서 완전히 벗어나지 못했다. 따라서 그는 민중적 주체성과 민주적 자유에 이르지 못했다. 시대와 사회의 억압과 제약 속에서 정약용이 천주교에 대한 태도를 여러 차례 바꿔야 했다는 사실이 그의 시대제약성을 보여 준다.[14] 다산이 유교적 목민관의 관점에서 민본주의에 머물고, 민중을 역사와 사회의 주체로 파악하지 못한 것은 왕조질서 속에 살았던 그의 시대적 한계를 드러낸다. 다산은 '탕론'湯論과 '원목'原牧에서 역성혁명을 옹호하고 민주주의의 원리와 가능성을 시사한다. 그러나 민중이 정치와 역사의 주체임을 일반적으로 그리고 실천적으로 선언하는 데 이르지는 못하였다. 그는 새 시대를 예감하였지만 유교적 세계관과 조선왕조의 사회적 제약 속에서 새 시대에 참여하지는 못하였다.[15] 다산은 민중에 대한 깊은 애정을 가지고 살면서 자신의 사상을 형성했으나 그의 사상은 동학운동에서 시작된 민중의 자각과 해방운동으로 이어지지 못했다. 이런 시대 상황에서 다산이 동서 문명의 정신과 사상을 자유롭고 활달하게 통합하고 민중을 역사와 사회의 주체로 세우는 세계적인 민주사상을 형성하기는 어려웠다.

## 동서정신문화의 비판적 극복과 창조적 계승 2

왕조질서의 제약에서 벗어나 민중의 삶의 자리에 설 때 비로소 민중 주체와 사상적 회통의 큰 종합에 이른다. 원효가 민중의 자리로 내려갔을 때 모든 종파의 이론들을 회통하는 사상이 나왔듯이 민중의 자리에 내려가 민중의 삶을 함께 체험할 때 민중 주체와 회통의 사상에 이른다.

서구의 기독교와 근대문화의 충격을 받아 민중적 주체성과 유불선 회통에 이른 것은 최제우였다. 최제우는 중화중심의 전통적 세계관과 조선왕조의 부패한 위계질서에 절망하고, 고통받는 민중의 삶과 심정을 자신의 삶과 심정에 받아들임으로써 새로운 세계관과 철학에 이를 수 있었다. 기독교와 서구문명의 도전과 충격을 주체적으로 수용한 최제우는 유교, 불교, 도교를 아우르며 민중 주체적이고 창조적인 종교사상을 형성했다. 시천주사상은 민중의 종교적 정신적 주체성의 근거일 뿐 아니라 사민평등의 근거였다. 민중적 주체성과 평등성은 사회적·시대적 제약에서 벗어나 자유롭고 활달한 사유에 이르게 했고, 유교의 울타리에서 벗어나 유불선 회통에 이르게 하였다.

최제우가 시작한 동학운동은 민중의 자각으로 시작된 민주화 운동의 원점이다. 동학은 동서 문명의 충돌을 민중종교철학으로 승화시켰다. 한국 근현대사에서 동학은 매우 중요한 위치를 차지하고, 창조적이고 심오한 민중생명철학을 형성했지만 그

나름의 시대적·사상적인 한계를 가지고 있다. 동학은 주문과 부적을 사용한 것에서 알 수 있듯이 근대적·과학적 사유, 철저한 이성적·합리적 사유를 받아들이지 못했다. 또한 생각으로 인간정신을 깊이 파고 죄악의 뿌리를 뽑는 철저한 사고에 이르지 못했다.

한국의 전통종교사상으로서 동학은 한사상을 충실히 반영하는 것 같다. 한사상은 단군설화에서 나타나듯이 자연생명(웅녀), 인간(단군), 하늘(환웅)의 세 차원을 아우르는 사상이다. 사람(단군) 속에서 자연(웅녀, 땅)과 신(환웅, 하늘)이 하나로 만난다. 한민족은 '한'(하늘, 하나님, 큰 하나)을 품은 민족이며 한을 그리워하고 실현하려는 민족이다. 동학은 한사상을 시천주, 사인여천, 인내천으로 표현했다. 동학에서 삼경, 즉 경천敬天, 경인敬人, 경물敬物을 말한 것도 자연과 인간과 하늘을 아우르는 사상임을 보여 준다. '지기금지 원위대강 시천주 조화정 영세불망만사지'至氣今至願爲大降 侍天主造化定 永世不忘萬事知 21자 주문에서도 자연과 인간과 하늘의 통합이 드러난다. 21자 주문을 풀어 보면 다음과 같다. "하늘과 땅, 물질과 정신의 지극한 기운인 지기至氣가 지금 내게 크게 임하기를 기다려서, 한울님을 내 몸과 맘에 모시면 자연만물의 창조와 변화의 중심에 설 수 있고 모든 일의 이치와 원리를 평생 잊지 않을 수 있다."

한사상과 동학사상은 동아시아의 통합적이고 자연친화적인 낙관적 사고의 전통에 서 있다. 동학은 고통당하는 민중에게서 한울님, 천주를 보고 민과 천을 동일시함으로써, 민을 역사적 주체로 보고 자유와 평등의 개벽사상을 제창했다. 그러나 동학은 민과 천주를 동일시하는 데 머물렀다. 시천주는 사람이 한울님을 모시는 것이니 사람이 곧 한울님이라고 말하는 인내천과는 구별된다. 그러나 크게 보면 시천주, 사인여천, 인내천은 모두 사람과 한울님의 동일성과 친근성을 강조한 것이다. 동학에서는 사람과 한울님(자연)의 근본적인 차이와 간격, 현실적이고 구체적인 갈등과 대립이 드러나지 않는다. 한울님과 인간의 동일성을 강조하는 데 머문 동학운동이 민 한 사람 한 사람의 구체적 개성과 자유, 맑은 지성의 자각으로 이끄는 데는 한계가 있었다.

## 2. 씨올사상의 영성철학

한국의 한사상에서 동학의 시천주사상까지 한국과 동아시아의 천인합일사상은 크게 보아서 유기체적이고 전일적인 통합의 사상이고 낙관적인 사상이다. 함석헌이 말했듯이 한국의 전통종교사상은 역사와 사회의 현실에 대한 객관적이고 철저한 이성의 비판과 분석이 부족하고, 인간의 본성을 파고드는 생각의 깊이가 부족하다. 이것은 인간의 본성과 현실을 철저히 파고들어 '무와 공의 세계'로 들어간 불교나 인간의 죄의식을 철저히 파헤쳐 '죽고 다시 태어남'을 강조한 기독교와 비교해 보면 알 수 있다. 세계평화 시민의 민주적이고 영성적인 철학과 정신을 닦아 내기 위해서는 자연친화적이며 영성적 깊이를 가진 동아시아의 사상과 객관적이고 이성적인 깊이를 가진 서양의 사상이 비판적으로 극복하고 지양하면서 창조적으로 종합되어야한다.

한국 근현대사와 삼일운동을 통해 한민족은 역사의 고난과 시련을 통해서 맑고 깊은 지성을 닦아 내고, 전체를 아우르면서도 생명과 정신의 깊이와 높이를 드러내는 높은 영성에 이르렀다. 한국 근현대사와 삼일운동의 중심에서 유영모와 함석헌은 씨올사상을 형성했다. 씨올사상은 자연과 인간과 신(하늘)을 아우르는 낙관적이고 통합적인 생명의 철학이면서 역사의 현실과 인간의 본성을 깊이 파고드는 생각(이성) 중심의 철학이고 역사의 현실과 인간의 본성을 초월하는 깊이와 높이를 지닌 영성의 철학이다.

비판적이고 분석적인 이성을 강조한 근대과학과 인간의 죄악을 철저하게 문제 삼는 기독교의 관점을 받아들이면서 유불선을 회통시키는 종합적 사고는 다석 유영모에게서 나온다. 유영모는 기독교신앙을 바탕으로 유교, 불교, 도교를 아우르면서 민중(씨올)을 중심에 세우는 종합적인 씨올사상을 형성했다. 동학이 부적과 주문을 사용하면서 대중적 정서와 감정을 움직인 것과는 달리 유영모는 생각을 사상의 중심에 두고 '나'를 깊이 파고들었다.

이런 차이에도 불구하고 동학과 유영모·함석헌의 씨올사상 사이에는 사상적 유사성이 있다. 씨올사상도 하나님을 모시고, 사람民을 하나님처럼 섬기며, 사람 속에서 하나님의 씨앗(신적 생명의 불씨)을 본다는 점에서 동학의 사상과 비슷하다. '시천주', '인내천', '사인여천'은 모두 '지금 여기의 삶' 속에서 하나님을 만나는 것과 관련 된다. 시천주도 하나님을 지금 내가 모신다는 것이고 인내천도 지금 내 속에 하나님이 있다는 것이며 사인여천도 지금 살아 있는 사람을 하나님처럼 섬기라는 것이다. 지금 여기의 삶에서 한울님을 체험하는 동학의 사상은 '오늘 여기'의 삶에서 하늘(하나님)의 생명과 뜻을 실현하려는 씨올사상과 일치한다. 동학의 종교사상의 핵심은 씨올사상에서 그대로 발견된다. 유영모와 함석헌도 하나님을 머리에 이고(모시고) 살려고 했고, 사람 속에서 하나님을 만나려 했으며, 사람(민중)을 그리스도(하나님)로 섬기려 했다.

그러나 씨올사상은 '생각함'으로써 '나'를 새롭게 하고 변화시키며, 앞으로 나가려고 했다는 점에서 동학사상보다 현대적이다. 또 씨올사상은 자기를 부정하고 깨트리고 죽임으로써 자연과 인간과 하나님을 아우르는 창조적 생명활동을 펼치려 한다는 점에서 천인합일의 일원론적 사상을 넘어섰다. '씨올'(민중)을 어버이처럼 받들고 씨올에게서 그리스도를 보면서도 생각을 중심에 놓고, 자기를 비우고 버림으로써 우주를 하나로 품고 대동세계를 열려고 하였다. 씨올사상은 동서정신문화를 아우르는 민주생활철학이며 세계 보편적 영성을 닦아 내고 실천하는 사상이다.

## 씨울

동서문명의 만남과 민중의 자각으로 전개된 한국 근현대사는 식민지배, 남북분단과 전쟁, 군사독재의 고난과 시련 속에서 씨울사상과 정신을 닦아 냈다. '씨울' 한 마디를 닦아 내기 위해서 한민족은 오랜 세월 고난의 역사를 겪어 온 것 같다. 씨울은 자연생명, 인간역사, 신적 생명을 아우르며, 실존적 자각과 성찰을 추구하고, 자치와 협동, 생명과 평화를 지향하는 공동체 정신을 담고 있다.

한국 근현대사가 닦아 낸 씨울이란 말 속에는 생물학적 의미뿐 아니라 역사·사회적 의미와 영성적 의미가 풍부하게 담겨 있다. 말 자체는 낯설지 않은데 신학─철학적 의미와 연관 지으면 씨울이란 말이 사뭇 낯설다. 기독교인들에게 밀알이란 말은 아주 친숙하다. 신앙, 성경, 영성의 의미가 밀알이란 말 속에 녹아 있다. 그런데 성경에서 밀알로 번역한 것은 오역은 아니지만 잘못된 것 같다.

희랍어 성경 원문을 보면 밀알은 일반적인 곡식의 낟알을 뜻한다. 중동 지역이나 유럽과 미국에서는 밀과 빵이 주식이므로 밀알이라고 번역할 수도 있다. 그러나 한국과 아시아에서는 쌀, 보리와 밥이 주식이다. 한국과 아시아의 농경문화와 음식문화를 감안하면 당연히 씨울로 번역해야 했다. 한국어 성경에서 밀알로 번역한 것은 희랍어 성경 원문이 아니라 영어성경에서 번역했기 때문이다. 지금이라도 밀알 대신 씨올로 고쳐서 번역하고 씨올을 화두로 삼아서 생각하고 실천하면 좋지 않을까? 씨올이 밀알보다 훨씬 풍부하고 보편적인 의미를 담고 있으며 우리 생활과 밀착되어 있다. 씨올은 어디서나 보고 느낄 수 있으나 밀알은 찾아보기 어렵다.

씨올 하나가 깨지고 죽으면 수십 배, 수백 배의 열매를 맺는다. 이것은 기독교 신앙의 진리일 뿐 아니라 생명과 역사와 사회의 진리이고 영의 진리다. 오늘 인간과 사회가 살 길은 이런 씨올의 진리를 깨닫고 실천하는 것뿐이다. 지난 2천 년 동안 동아시아가 공자 말씀을 기준으로 살았다면 21세기 민주와 생명, 영성과 평화의 시대에는 씨올의 사상과 정신을 기준으로 살아야 할 것이다.

## 알맹이와 껍데기

씨올사상은 인간의 본성을 씨올로 표현했다. 씨올은 자연생명, 인간, 신적 영성을 아우르는 개념이지만 인간의 본성과 하늘의 본성을 직접 동일시하지 않는다. 인간의 본성인 씨올은 껍데기와 알맹이로 구분된다. 거짓이란 말은 예전에는 '거줏'으로 썼고 거줏은 거죽에서 온 말이다. 거죽 껍데기에 머물고 거죽에 매인 것이 거짓이다. '참'은 씨올의 알맹이가 차오름, '알 참'에서 온 것으로 추정된다. 씨올은 껍질에서부터 자란다. 껍질이 자라면 속에서 알맹이가 차오르기 시작한다. 껍질은 알맹이를 지키고 키우기 위해 있는 것이다. 껍질은 알맹이가 차오르도록 속을 비워 주고 열어 주어야 한다. 껍데기가 제게 달라붙어서 저만 자라고 커지면 거짓이 된다. 속 알맹이 차오르는 것이 참이다.

씨올의 알맹이가 싹이 트고 자라고 꽃 피고 열매를 맺으려면 껍질이 깨지고 죽어야 한다. 씨올이 자기를 깨트리고 죽이고 버림으로써 자신을 탈바꿈함으로써 눈부신 생명운동이 일어난다. 밀알이 깨지고 죽어서 새싹이 나면 암을 예방하고 치유할 수 있는 영양소인 엽록소가 500배 이상 증가한다. 밀알뿐 아니라 모든 씨올들이 깨지고 죽어서 새싹이 나면 씨올 속에는 없었던 것처럼 보이는 영양소들이 획기적으로 증대한다. 사람의 생명과 정신도 깨지고 죽음으로써 새 생명과 정신이 나오면 엄청난 생명력이 분출하고 놀라운 영성의 고양이 이루어질 것이다.

몸은 맘의 껍질이고 맘은 얼의 껍질이다. 몸을 딛고 맘이 자라고 맘이 깨져서 얼이 큰다. 생명의 자람과 새로워짐과 진화는 자기부정과 깨짐, 죽음과 신생, 탈바꿈을 통해서 일어난다. 씨올은 자기부정과 죽음을 통해서만 자연생명과 인간과 하늘(영성)이 통합되는 생명의 창조활동을 벌인다. 자기가 깨지고 죽음으로써만 씨올은 서로 주체로서 스스로 하고 서로 살리는 협동과 공동체의 삶을 실현할 수 있다.

민은 하늘의 씨울이며 일동무

씨울 하나의 변화는 전체 생명의 변화를 가져오고 전체 생명의 변화는 씨울 하나의 삶 속에 나타난다. 한 사람의 변화는 나라 전체의 변화를 가져오고, 나라 전체의 변화는 다시 한 사람의 삶 속에 나타난다. 예수는 "하나님 나라가 가까이 왔으니, 회개하고 복음을 믿으라" 했다. 개인의 변화(회개)와 나라 전체의 변화(하나님 나라가 가까이 옴)가 맞물려 있다. 개인이 하나님 나라에 참여하는 길은 복음을 믿는 것이다. 여기서 복음은 하나님 나라가 가까이 온다는 소식이다. 이것은 주체와 전체가 일치하는 생명과 영의 근원인 하나님(하늘)에게서 오는 소식이다. 주체와 전체가 일치하는 것이 하나님 나라이고 주체와 전체로 돌아가는 것이 회개다. 전체의 자리서 주체로 사는 것은 하늘의 뜻을 이루는 것이며 하늘과 더불어 사는 것이다. 회개하고 주체와 전체의 일치가 이루어지는 하늘로 솟아올라 앞으로 나아가는 것이 하늘나라에 들어가는 것이고 땅에서 하늘나라를 여는 것이다.

신분제와 운명론과 미신이 지배하는 시대에는 민이 성현의 가르침을 믿고 따르는 종교와 철학에 머물렀다. 그러나 민주주의와 과학이 지배하고 세계화가 이루어지는 오늘의 시대에는 민이 하늘을 품고 하늘을 대신해서 일해야 한다. 민이 자신이 하늘의 씨울임을 스스로 깨닫고 하늘의 뜻을 스스로 이뤄야 한다. 과학기술로을 통해 자연물질과 생명의 본성을 변경하고 재창조할 수 있는 오늘의 시대에는 인간이 하늘의 동반자로서 공동창조자가 되고 하늘의 뜻을 이루는 일동무가 되어야 한다. 오늘 자연생명세계와 인류역사와 사회가 인간의 손에 맡겨져 있다. 인간은 이제 자연생명세계와 인류사회를 파괴할 수도 있고 완성할 수도 있다. 인간은 자연생명세계와 자신의 운명을 스스로 걸머지고 있다. 인간이 신적 창조자의 일을 감당하기 위해서는 본능과 지성을 넘어서 생명의 주체와 전체를 인식하고 실현하고 완성하는 영성의 철학을 다듬어 내야 한다.

자연물질과 생명과 인간의 본성을 변경하고 재창조할 수 있는 오늘의 인류는 과거의 인류가 경험하지도 예상하지도 못했던 전혀 새로운 모름의 세계로 들어간다. 신의 공동창조자와 일동무로서 모름의 세계를 열어 가는 현대인은 감각과 이성에 의지하는 과학적 인식론을 넘어서 모든 존재와 생명의 주체와 전체를 인식하고 이해하는 영성적 인식철학을 지녀야 한다. 주체와 전체를 인식하고 이해하는 영성적 인식철학을 우리말 '앎'과 '모름' 속에서 찾아보자.

# 3. 앎과 모름의 인식론

사람은 수십만 년 동안 말을 통해 생각을 표현하고 다듬어 왔다. 사람은 말로 생각하고 말로 생각을 나타내고 전달한다. 우리말은 우리 마음과 의식, 생각과 정신을 담고 있다. 우리말은 우리 민족의 의식과 삶 속에 숨겨 있는 마음가짐과 자세를 나타낸다. 서구 언어와 우리 언어의 차이와 특징을 비교해 보면 우리 민족의 마음가짐과 자세를 엿볼 수 있다.

서구의 언어에서 '안다'know의 뿌리말 'skei'는 '가르다, 자르다'는 뜻을 지녔다. 인식대상을 가르고 잘라서 분석하고 해체해서 앎에 이른다는 말이다. 한국어 '알다'知는 '알맹이, 알짬, 씨알'核, 精, 卵에서 나온 것으로 추정된다.[16] 인식대상의 알맹이, 알짬을 드러내고 담아내는 것이 앎이다. 알맹이를 가르고 잘라서는 알맹이를 온전히 알 수 없다. 알맹이가 있는 그대로 주체와 전체로서 인정되고 존중되고 받아들여질 때 알맹이는 제대로 알려질 수 있다. 앎은 인식대상의 알맹이에 대한 긍정과 신뢰를 나타낸다. 앎은 인식대상과 인식주체의 일치와 소통, 만남과 참여를 전제한다. 인식대상이 자신의 알맹이를 알려 준다고 해도 인식주체가 알려고 하지 않고 알 수 있는 능력이 없다면 앎은 결코 이루어지지 않을 것이다. 사물과 존재, 생명과 정신의 알맹이를 담은 앎은 알맹이를 알려는 인식주체의 적극적 의지를 담고 있으며, 알맹이가 인식주체에게 알려질 수 있고 인식주체가 알맹이를 알 수 있다는 인식주체의 인식능력에 대한 긍정과 신뢰를 전제한다.

## 앎의 인식론

앎에 이르는 인식주체와 인식대상의 인식과정은 서로 주체적이다. 인식주체가 홀로 인식대상의 알맹이를 알 수 있는 것도 아니고 인식대상이 일방적으로 자신을 알려 주는 것도 아니다. 인식주체는 인식대상과 교감하고 소통할 수 있다. 인식주체는 인식대상의 알맹이를 알고 싶어 하며 알 수 있는 능력을 가지고 있다. 그러나 인식대상이 자신의 알맹이를 드러내어 알려 주지 않으면 인식주체가 인식대상의 알맹이를 제대로 다 알 수가 없다. 알고 싶은 절실한 바람을 가지고 맘을 열고 감각과 지성을 깨워 놓고 인식주체가 기다리더라도 인식대상이 자신의 속

알맹이를 드러내고 알려 주지 않으면 제대로 온전히 알 수가 없다. 인식과정의 나머지 절반은 인식대상에게 맡겨져 있다. 그러므로 인식주체는 인식대상의 알맹이를 신뢰하고 존중하면서 인식대상이 자신을 드러내기를 기다려야 한다. 또한 인식대상이 자신의 알맹이를 드러내고 인식주체가 감각과 지성을 열어 놓고 알맹이를 인식한다고 해도 감각과 지성으로는 알맹이를 온전히 다 알 수가 없다. 아무리 해도 모르는 부분이 여전히 남아 있다.

한국어는 교감의 언어다. 주어와 객어가 없어도 술어(동사, 형용사)만으로 소통할 수 있다. 앎은 인식주체와 인식대상의 소통과 교감을 통해 이루어진다. 인식대상이 자신의 알맹이를 드러내고 인식주체는 그 알맹이를 감지하고 이해하고 알 수 있다. 그러나 인식주체의 앎은 인식대상의 알맹이를 남김없이 온전히 담고 있지 않다. 인식대상의 알맹이, 주체와 전체는 인식주체의 앎에서 소진되지 않는다. 인식대상은 인식주체에게 끝까지 주체로 남아 있다. 인식대상은 인식주체에게 알려지면서도 여전히 알려지지 않는 부분이 남아 있다. 인식주체는 인식대상을 알면서도 다 알지는 못하기 때문에 인식대상을 맘대로 처리하거나 처분할 수 없다. 인식대상이 끝까지 주체로 남아 있고 인식대상에 대해서 모르는 부분이 있기 때문에 인식주체는 겸허할 수밖에 없다.

## 앎과 모름

서구 언어와 일본어와 중국어는 '알다know/안 알다don't know'의 형태로 되어 있다. 그런데 우리말만은 '안다/모른다'로 되어 있다. '모른다'는 '못 알다'에서 나온 말이다. '모른다'는 말은 인식주체가 인식대상을 알고 싶은데 인식능력이 부족하거나 조건과 형편이 허락하지 않아서 앎에 이를 수 없었음을 인정하고 고백하는 겸허한 자세를 담은 말이다. 또한 '모른다'는 인식대상에 대해서 알고 싶은 열망을 담은 말이면서 인식대상이 스스로 자신의 알맹이를 드러내기를 기다리는 기대와 호기심을 간직한 말이다.

앎과 모름이란 말에는 한국인의 생명친화적 인식론이 담겨 있다. 이것은 인식대상의 알맹이가 살아 있는 주체로서 스스로 자신을 드러내기를 신뢰와 존중의 자세로 기다리는 인식론이다. 이 인식론은 인식대상의 알맹이를 분해하거나 해체하지 않고 있는 그대로 옹글게 받아들이고 이해하려고 한다.

앎과 모름의 인식론은 인식주체가 단순히 믿고 기다리는 수동적이고 소극적인 인식론이 아니다. 모름의 인식론은 앎의 인식론과 결합되어 있으며 앎의 인식론을 전제한다. 앎의 인식론은 인식대상의 알맹이·알짬에 대한 깊은 신뢰와 긍정을 담고 있다. 모름의 인식론은 인식주체의 인식능력이 부족한 것을 인정하고 인식대상의 알맹이를 모르고 있음을 고백하면서도 인식대상의 알맹이에 대한 신뢰와 존중 속에서 알고 싶은 호기심과 열망 속에서 알려고 애를 쓰는 적극적이고 능동적인 인식론적 자세와 태도를 가지고 있다. 모름의 인식론은 인식과정에서 인식주체와 인식대상이 서로 주체로서 참여하는 인식론이다.

이런 모름의 인식론은 인식대상을 대상화하고 타자화하며, 분해하고 부분화함으로써 인식대상의 주체와 전체를 인식하지 못하는 서구 이성철학의 인식론을 넘어서 인식대상의 주체와 전체를 인식하고 인식대상과의 사귐과 소통에 이르는 영성적 생명철학의 인식론이다. 또한 모름의 인식론은 카를 바르트의 신神 인식론과 비슷하면서 다르다. 바르트의 신 인식론에 따르면 인간은 신을 알고 싶지만 알 능력이 없다. 신이 자신을 드러내고 알리는 계시의 말씀을 믿고 그 말씀에 의지해서만 인간은 신을 알 수 있게 된다. 신을 알기 위해서 인간은 신이 자신을 알려 주기를 믿고 기다려야 한다. 앎과 모름의 인식론은 인식능력의 부족을 겸허히 인정하고 인식대상이 스스로 드러나고 알려지기를 기다린다는 점에서 바르트의 신 인식론과 일치한다. 그러나 인식대상의 알맹이에 대한 긍정과 신뢰를 가지고 인식주체의 인식능력을 긍정하고 전제하면서 인식대상과 인식주체가 서로 주체로서 인식행위와 인식과정에 능동적으로 참여한다는 점에서 인식주체의 수동성이 강조되는 바르트의 신 인식론과 구별된다.

## 모름의 인식론

모름의 인식론은 앎과 모름을 분명히 구분하고 모름을 지키는 '모름지기'의 인식론이다. 사람이 참으로 안다는 것은 아는 것과 모르는 것을 분명히 구별하는 것이다. 자기가 모르고 있는 것을 분명히 아는 사람만이 아는 것을 분명히 알 수 있다. 아는 것과 모르는 것이 뒤섞인 사람은 아무것도 제대로 아는 것이 없는 사람이다. 감각과 지성으로는 생명의 주체와 전체를 알 수 없다. 또 감각과 지성으로는 하늘, 하나님을 알 수 없다. 모르는 것을 아는 체하는 이는 아는 것이 아무것도 없는 사람이다. 생명과 영의 세계에서는 모르는 것을 모르는 것으로 굳게 지킬 때 비로소 아는 것을 분명히 알게 된다. 아는 것을 알고 모르는 것을 모를 때 제대로 알 수 있다. 모름을 인정하고 겸허히 모름 속에 머물 때, 아는 것을 알고 모르는 것을 모를 수 있으며, 생명과 영을 주체와 전체로서 드러내고 실현할 수 있다.

오늘날 자연과학 기술은 자연의 본성과 본질을 개조하고 변경할 수 있게 함으로써 인간을 창조자의 자리에까지 높여 놓았다. 자연생명과 인간정신과 신적 생명의 씨올로서 인간은 자연과 연속되고 일치된 존재이면서 신의 씨올天子로서 자연을 새롭게 창조하고 실현하고 완성할 책임과 사명을 가지고 있다. 오늘 인간은 자연과 인간의 본성을 개조하고 새롭게 창조하는 미지未知의 새로운 영역으로 들어가고 있다. 캄캄한 모름의 세계

로 들어가는 인간은 겸허하게 모름을 지키는 '모름지기'의 인식
론을 가져야 한다. 모르는 일을 함부로 하는 것은 무책임한 짓
이다. 사람과 다른 생명체와 물건과 일을 대할 때 모름을 지키
는 자세로 겸허하고 조심스런 자세로, 인식대상들이 주체와 전
체로서 자신을 드러낼 때까지 믿고 기다리는 자세로 생각하고
판단하고 말하고 행동해야 한다. 모름의 인식론을 가진 사람은
인식주체와 인식대상의 주체의 깊이와 자유에서 그리고 전체
하나 됨의 자리에서, 모름 속에서 앎을 찾아가는 겸허한 자세
로 생각하고 판단하고 말하고 행동한다.

　모름의 인식론은 모름에만 머물러 있지 않다. 모름의 어둠
속에서 앎의 빛을 찾아 나아가며 앎에 맞고(알맞게) 앎답게(아
름답게) 행동하고 살려고 한다. 하나님의 공동창조자와 일동무
로서 나라의 주인과 주체로서 사람은 모름 속에서 앎에 이르
고 앎에 맞게(알맞게), 앎답게(아름답게) 생각하고 말하고 행동하
고 일한다. 앎과 모름의 인식론은 생명과 정신의 주체와 전체를
드러내고 실현하기 위해서 알맞고 아름답게 생각하고 행동하
는 생명주체와 영성의 인식론이다. 앎과 모름의 인식론은 민이
서로 주체와 전체를 드러내고 실현하는 민주생활을 위한 인식
론이며 서로 주체로서 자치와 협동의 공동체를 실현하고 완성
해 가는 인식론이다.

# 4. 나라의 새로운 중심과
# 21세기 시민사회운동

새 나라를 세우려면 개인, 지역, 당파의 중심을 깨고, 전체가 하나로 되는 새 나라, 새 하늘의 중심을 열어야 한다. 하늘은 주체의 깊이와 전체의 하나 됨이 일치하는 자리다. 새 하늘을 연다는 것은 주체의 깊이에서 그리고 전체의 중심에서 주체가 주체로, 전체가 전체로 드러나게 하는 것이다.

저마다 저의 중심과 주체를 넘어서 전체(하늘)의 자리서 저마다의 중심과 주체를 생각하는 사람이 '그이'公人다. 새로운 나라를 열려면 그이가 되어서 저마다 주체의 자리서 전체를 생각하고 전체의 자리서 주체를 생각해야 한다. 민주시대에는 민이 '그이'公人가 되어야 한다. 그이는 나, 우리의 감정, 이익, 주장에서 벗어나 전체 하늘의 중심에서 생각하고 말하고 행동한다. 그이는 서로 다른 '셋'에서 전체 '하나'의 중심을 찾는다. 그이는 진영을 넘어서 전체 하나(하늘)의 자리에서, 자본가와 노동자가 저마다 서로 주체로서 함께 서는 공존과 상생의 중심을 연다.

낡은 국가를 해체하고 넘어서서 새 나라의 중심을 찾아야 한다. 먼저 나라의 중심은 나라의 변두리 지역에서 그리고 바닥에서 열려야 한다. 국민이 나라이며 국민이 살아가는 지역, 현장이 나라의 중심이다. 국민의 생활 자치 현장에서 새 중심, 새 하늘과 새 땅을 열어야 한다. 권력과 자본의 중심을 해체하고 민의 바닥에서 중심을 열어 가야 한다. 종교, 교육, 문화의 중앙권력을 해체하고 민의 생활자치가 이뤄지는 바닥에서 나라의 중심을 열어야 한다.

새 나라의 중심은 나라의 밖에서 찾아야 한다. 남한의 나라와 북한의 나라 사이 가운데 있는 것이 비무장지대다. 그곳은 이념과 가치와 체제가 대립하는 중심이기도 하다. 비무장지대서 새 하늘, 새 나라의 중심을 열자. 남한과 북한의 낡은 국가주의적 중심, 이념과 체제의 틀을 깨고 새 중심을 열자. 인민의 심정과 처지에서 새 중심, 하늘을 열자. 북한과 남한, 북한의 인민과 남한의 인민이 서로 전체의 자리에서 주체의 심정과 처지를 바꾸어 생각하고 판단하고 말하고 행동해야 한다. 그러면 거기서 정의와 평화의 새 나라를 위한 길이 열릴 수 있다.

동아시아에서 한국·중국·일본을 넘어서 새 중심을 찾자. 국가주의, 애국심, 동포애를 넘어서서 다른 나라의 입장과 처지에서 서로 입장을 바꿔 생각해 보자. 제주도를 지역자치와 세계평화의 섬으로 선포하고 한·중·일 동아시아와 세계의 평화와 통일을 꿈꾸고 실현하는 마당이 되게 하자. 제주도를 동아시아와 세계평화와 세계통일의 섬으로 선언하고 지역의 자존과 자치와 협동을 실현하는 섬이 되게 하자.


## 생명의 중심 찾기


인간을 넘어서 포유류의 자리에서, 자연생명 전체의 자리에서 생각하고 행동하며 인간과 포유류가 서로 주체로서 함께 사는 세상을 열어 가야 한다. 자연도 동물도 자연생명세계의 당당한 주역이고 주체다. 자연생명세계와 포유류를 생명세계의 동반자로 여기고 주체로 존중하고 받아들여야 한다. 특히 개와 고양이는 인간의 문명 속에서 인간과 더불어 사는 방식을 선택하고 인간의 삶 속으로 들어왔다. 포유류, 고양이와 개의 자리에서 그 입장에서 생각하자. 포유류의 동류, 벗으로서 생각하고 행동하자. 개와 고양이를 통해서 사람은 자연생명세계의 깊이와 넓이를 알게 되고 인간의 삶의 지평을 확대할 수 있다. 인간의 문명 속에 개와 고양이가 주체로서 살아갈 수 있는 영역을 넓혀 주고 인간과 포유류가 평화롭게 공존할 수 있는 길을 열어야 한다.

하늘, 하나님은 생명세계의 참된 주체이며 전체다. 하나님 안에서 인간과 포유류가 함께 서로 주체로서 자신의 본성과 목적을 실현하고 완성할 수 있어야 한다. 하나님의 씨울(자녀)인 인간은 하나님과 함께 자신과 자연생명세계의 본성과 목적을 실현하고 완성하도록 이끌 사명과 책임을 가지고 있다. 인간은 자연생명세계를 이끌고 자연생명세계와 함께 하나님의 영원한 생명에 참여함으로써 참된 구원과 해방을 이뤄야 한다.

인간은 자연생명과 인간역사(사회)와 신적 생명(하늘의 얼)을 아우르는 존재다. 자연생명세계와 인간사회와 신적 생명이 함께 주체로서 실현되고 완성되도록 이끄는 것이 인간의 사명이고 과제다. 자연생명세계는 지배와 정복, 착취와 파괴의 대상이 아니라 주체와 전체로서 존엄과 깊이를 지닌 존재로 존중되어야 한다. 자연과 인간은 서로 주체로서 만나고 사귀고 주체와 전체의 깊이와 아름다움과 가치를 서로 드러내야 한다.

자연생명을 주체로 존중하고 인간과 자연이 함께 서로 주체로 상생·공존할 수 있어야 한다. 인간이 자연을 파괴하고 착취하는 게 아니라 자연이 자신의 본성과 주체, 신비와 아름다움을 드러내도록 돕고 섬겨야 한다. 인간은 자연의 주체와 전체, 깊이와 신비, 존엄과 아름다움을 알아주고 찬미하고 드러내고 표현하고 실현하는 존재다.

## 참 종교, 알맹이 종교

종교는 생명의 참된 주체와 전체를 실현하고 완성하자는 것이다. 인간의 본능과 지성과 영성을 참되게 실현하고 완성하는 것이 종교의 사명과 목적이다. 생명과 정신의 알맹이를 실현하고 완성하는 것이 참 종교이고 생명과 정신의 껍데기에 집착하고 매인 것이 거짓 종교다. 거짓된 껍데기 종교에서 참된 알맹이 종교를 찾고 실현해야 한다.

껍데기 종교는 생명과 정신의 껍데기를 위해 생명과 정신의 알맹이를 해치고 손상시키는 종교다. 참 종교, 알맹이 종교는 껍데기를 희생하고라도 알맹이를 살리고 키우는 종교다. 국가권력과 제도, 돈과 기계, 본능과 탐욕, 지위와 명예, 교리와 성직제도, 교회당과 의식儀式은 다 껍데기다. 생명과 혼과 얼, 사랑과 정의는 알맹이다. 껍데기를 지키려고 알맹이를 해치는 것이 거짓 종교이고 껍데기를 깨서라도 알맹이를 살리는 게 참 종교다.

종교들의 벽을 넘어서 온갖 형식과 교리와 전통을 넘어서 생명과 정신의 알맹이를 실현하고 완성하는 참 종교를 열어야 한다. 참 종교는 생명의 껍데기인 본능과 욕망에 집착하는 기복종교, 껍데기 종교를 넘어서 지성과 영성을 실현하고 완성하는 심층종교이며 고등종교다.

## 민주화·산업화·세계화의 실현

한국은 짧은 기간에 민주화, 산업화, 세계화를 동시에 경험하고 있다. 나라가 망하고 식민지가 되는 과정에서도 민을 나라의 주인과 주체로 깨워 일으켜 세우는 교육운동과 독립운동이 있었기 때문에 한민족은 민주화와 산업화와 세계화를 동시에 이룰 수 있었다. 고난과 시련의 한국 근현대사 속에서 민족정신을 갈고 닦아서 한민족이 깨끗한 감성과 맑은 지성과 의로운 영성을 가지게 된 것은 민주화, 산업화, 세계화를 이룰 준비와 단련을 한 것이다. 우리나라가 민주화와 산업화를 동시에 이룬 것은 오랜 역사의 고난과 시련 속에서 단련되고 준비된 민중이 있었기 때문이다. 군사독재가 산업화를 이뤘다는 것은 이치에 맞지 않는 말이다. 세상에 군사독재국가들이 많았지만 민주화와 산업화를 이루고 세계화로 나아가는 나라는 한국밖에 없다. 군사독재에도 '불구하고' 군사독재 시절에 군사독재의 독려로 산업화가 이루어졌다고 할 수는 있다. 만일 교육과 단련을 통해 준비된 민중이 없었다면 어떻게 군사독재가 산업화를 이루었겠는가? 일제의 식민지배와 남북분단과 6·25전쟁과 군사독재에도 불구하고 민주화, 산업화, 세계화를 향해 나아갈 수 있었던 것은 한국 근현대의 역사가 고난과 시련 속에서 우리 민중을 교육시키고 단련시키고 준비시켰기 때문이다.

민주화는 민의 주체를 자각하고 실현하는 일이고 세계화는 민의 전체를 자각하고 실현하는 일이다. 산업화는 과학기술과 자본에 근거하여 편리하고 효율적이며 풍요로운 물질문명을 발전시키는 것이다. 산업화가 진전될수록 돈과 기술이 사회를 지배하고 인간은 돈과 기술의 지배에 예속된다. 물질인 돈과 기술이 인간의 정신을 지배하면 인간의 주체와 전체는 약화된다. 돈과 기술에 예속되면 민주民主의 실질적 토대는 무너지며, 생명과 영의 공동체적 전체는 파괴된다.

돈과 기술(기계)은 물질이며 도구이고 생명과 정신은 주체이며 전체다. 돈과 기술의 지배서 벗어날 때 참된 민주화와 세계화를 이룰 수 있다. 돈과 기계·기술보다 생명과 정신이 값지고 소중하다는 것을 보여 주고, 돈과 기술은 생명과 정신을 실현하고 고양시키기 위해서 써야 한다. 돈과 기계를 아껴서 생명을 살리고 뜻을 이루는 데 써야 한다. 돈과 기술은 민주를 실현하는 수단이고 세계를 하나로 만드는 도구가 되어야 한다. 그러기 위해서는 기업의 공익적 책임과 사회윤리가 강조되어야 한다. 사적 이익과 이윤을 추구하는 것을 넘어서 기업은 생명, 정의, 평화를 실현하는 책임과 사명을 다해야 한다. 민주화와 세계화가 진전되는 세상에서는 공익과 평화, 공동체와 영성을 위해 봉사하고 기여하는 기업이 세계 1류 기업이 될 수 있다. 개인과 가족이 기업을 소유하고 지배하는 형태에서 기업의 구성원이 공동소유하고 공동운영하는 기업이 나와야 한다. 민주화된 세상에서는 민주화된 기업만이 1류 기업이 될 수 있다. 평화시

대에는 평화를 건설하는 기업만이 1류 기업이 될 수 있고 상생
과 공존의 시대에는 자연생명세계를 지키고 자치와 협동의 공
동체를 살리는 기업만이 1류 기업이 될 수 있다. 그렇게 되어야
마땅하다.

## 21세기 시민사회운동의 원칙과 방향

첫째, 자연생명과 인간사회(역사)와 신적 생명(하늘)을 아우
르는 운동이다. 자연생명과 인간사회와 신적 생명을 함께 실현
하고 완성하는 운동이다. 생명진화와 인류역사는 자연 물질에
서 생명으로, 생명에서 인간사회로, 인간사회에서 신적 생명으
로 진화·발전하고 상승·고양해 가고 있다. 자연생명과 인간사
회와 신적 생명을 각각 주체와 전체로 보고 살리고 실현하고 완
성해 가야 한다. 그러나 자연생명은 인간사회를 낳고 키우려는
목적과 방향을 가지고 있으며 인간사회와 역사는 참되고 영원
한 신적 생명에 이르려는 목적과 방향을 가지고 있다. 하늘의
신적 생명에 이를 때 비로소 자연생명과 인간사회와 역사는 본
성과 사명을 실현하고 완성할 수 있다.

우주에서 보면 사람의 몸은 자연생명을 나타내고, 맘은 인
간을 나타내고, 얼은 신적 생명을 나타낸다. 몸·맘·얼은 사람
을 이루는 '부분'이 아니다. 몸·맘·얼은 각각 사람의 주체와 전

체를 나타낸다. 몸·맘·얼은 서로 긴밀히 결합되어 있으면서 서로 다른 존재의 차원에 속해 있다. 몸을 넘어서 맘이 있고 맘을 넘어서 얼이 있다.

21세기 시민사회운동은 몸·맘·얼을 살리고 키우는 운동이다. 감성과 지성과 영성을 고양시키고 실현하는 운동이다. 몸을 딛고 맘을 자유롭게 하고 맘을 깨서 얼과 뜻이 힘차게 해야 한다. 몸의 본능과 욕망에서 자유로우면 맘이 놓이고 맘이 놓이면 얼과 뜻이 힘차게 움직인다.

### 몸성히—알맞이

몸이 성하려면 알맞게 먹고 자고 써야 하며 알맞게 하려면 그칠 줄 알아야 한다. 적당히 그치고 마칠 줄 알면 스스로 만족할 수 있다. 스스로 만족하면 고맙게 살 수 있다. 몸성히 산다는 것은 알맞게 살면서 자족하고 고마워하며 사는 것이다. 알맞게 산다는 것은 낭비하지 않고 알맹이에 충실하고 알뜰하게 사는 것이고 자족하며 산다는 것은 사치와 허영을 버리고 검소하게 사는 것이다. 고마워하며 산다는 것은 나누고 섬기고 베풀며 사는 것이다. 맘이 고마운 사람은 무슨 일이든 기꺼이 할 수 있다. 자나 깨나 숨 쉴 때나 밥 먹을 때나 말하거나 일할 때도 '내'가 지금 몸성히 알맞게 사는지 물어야 한다.

**맘공부—맘 놓음**

사람이 사람다울 때 자연이 자연다울 수 있다. 맘이 맘답게 자유로울 때 몸도 몸답게 건강할 수 있다. 고맙게 살면 맘이 몸의 욕망과 집착에서 벗어나 자유롭게 된다. 맘이 자유롭다는 말은 맘이 놓인다는 말이다. 맘공부는 맘을 놓는 공부다. 맘이 놓인다는 말은 맘이 편안하고 고요하다는 말이다. 맘이 편안하고 고요하면 맘 놓고 맘껏 자유로울 수 있다. 맘이 몸에서 자유로우면 몸도 몸대로 자유롭게 된다. 몸을 몸대로 되게 하고 맘을 맘대로 자유롭게 하면 얼이 솟아오르고 뜻에 힘이 실린다. 자족하고 고마운 맘을 가지고 사는 이들이 자연생명을 온전히 지키고 실현하고, 사회와 역사를 바른 길로 이끌고, 참된 생명과 뜻을 이룰 수 있다.

**얼이 힘차고 뜻이 뚜렷하게**

얼은 하늘을 향해 솟아올라서 땅에서 하늘을 열고 하늘과 소통하고 사귀려 한다. 맘이 자유롭고 몸이 몸대로 되면 얼은 하늘로 힘차게 솟아오른다. 얼이 하늘로 솟아오르면 생명과 정신은 하늘의 뜻을 이루기 위해서 앞으로 힘차게 나아갈 수 있다. 하늘의 뜻은 생명진화와 인류역사를 완성하고 주체의 깊이에서 전체의 하나 됨에 이르는 것이다. 하늘을 품고 하늘을 그리며 사는 인간은 하늘과 통하고 하늘과 사귀는 얼이 힘차게 살아 있고 하늘의 뜻이 뚜렷이 살아 있을 때 가장 보람 있고 행복하다. 얼이 힘차게 살아 있고 하늘의 뜻이 뚜렷이 살아 있으면 맘이 놓이고 몸이 성할 수 있다. 얼과 뜻이 힘차게 살아 있는 사람은 자연생명세계와 인간사회역사와 신적 생명을 실현하고 진전시키고 완성할 수 있다. 그이는 자치와 협동의 길을 갈 수 있으며, 나라를 바로 세우고 이끌 수 있다. 하늘로 솟아올라 얼과 뜻이 힘차게 살아 있는 사람만이 낡은 역사와 사회의 껍질을 깨고 앞으로 나아갈 수 있다.

양생養生과 양심養心의 비결은 하늘을 향해 몸과 맘을 곧게 하고 솟아올라 앞으로 나아가는 것밖에 없다. 하늘을 그리워하고 우러르며 몸과 맘을 곧게 하고(곧음) 솟아올라서(초월) 앞으로 나아가는 것(진보)이 몸이 성하고 맘이 놓이고 얼과 뜻이 힘차게 되는 비결이다. 그것이 바로 몸과 맘과 얼을, 본능과 지성과 영성을, 자연생명과 인간사회와 신령한 하늘을 통합하는 길이다. 21세기 운동은 하늘을 여는 운동이며, 하늘의 얼 생명에 이르러, 몸과 맘과 얼을, 인간과 자연생명과 영성을 통합하는 운동이다. 인간이 자신의 속에서 본능과 지성과 영성을 통합함으로써 인간과 자연생명세계와 영성을 실현하고 완성하는 운동이다. 본능과 지성과 영성을 통합한 인간은 자신과 나라(역사)와 자연생명세계의 본성과 목적(생명과 정신의 주체와 전체)을 실현하고 완성할 수 있다. 하늘로 솟아올라 얼과 뜻이 힘차게 살아 있는 사람은 본능과 지성과 영성을 통합하고 생명진화와 인류역사(사회)의 낡은 껍질을 깨고 새 생명과 역사를 낳을 수 있다.

둘째, 민을 주체로 모시고 민이 주체로 참여하는 운동이다. 민을 운동의 수단으로 동원의 대상으로 보지 않고 주체로 섬기고 받드는 운동이며, 민이 주체로 참여하는 운동이다. 운동 지도자, 전문 운동가, 운동 단체 직원이 구상하고 계획하는 대로, 그들의 운동이론과 지침을 따라가는 운동이 되어서는 안 된다. 민을 주체와 어른으로 모시는 운동이고, 민이 자발적 주체성과 헌신성을 가지고 참여하고 책임지고 이끄는 운동이다.

민을 달래고 어루만지거나 돌보고 보살핀다는 생각은 민을 어리고 어리석은 백성으로 보는 봉건왕조 시대의 생각에서 벗어나지 못한 생각이다. 서민의 고통을 나눈다거나 국민의 눈물을 닦아 준다는 말도 민을 주체로 보지 못하는 말이다. 고통은 고통받는 주체가 온전히 감당할 것이지 남이 나눌 수 있는 게 아니다. 고통받고 죽어가는 아기의 아픔은 엄마도 나눌 수 없다. 그것이 생명의 준엄한 진실이다. 나라의 주인인 국민이 눈물을 흘리는 것은 심부름꾼과 일꾼들인 정치인들이 나라 일을 제대로 못했기 때문이다. 정치인들이 잘못했기 때문에 국민이 눈물을 흘리는데 정치인들이 국민의 눈물을 닦아 주겠다고 나서는 것은 주제넘은 짓이다.

국민이 눈물을 흘릴 때 정치인들이 할 일은 크게 반성하고 국민의 뜻을 반영하는 정치를 해서 국민이 눈물을 흘리지 않게 하는 것이다. 국민의 눈물은 국민이 스스로 닦게 하라. 정치인은 다만 국민이 스스로 일어서서 자치와 협동의 공동체를 열어 가도록 도와야 한다. 정치인과 지식인은 국민이 스스로 자치와 협동의 공동체를 열어 가도록 길을 열고 길을 닦아야 한다.

셋째, 전체의 자리에서 서로 주체로서 상생과 공존의 길로 가는 운동이다. 한 사람에게서 나라 전체를 보고 나라 전체 속에서 한 사람을 보는 운동이다. 나라는 나라의 주인과 주체인 국민 한 사람, 한 사람에게 있다. '내'가 나라다! 고난받는 한 사람 속에 나라가 있다. 집단과 당파를 넘어서 나라 전체서 한 사람을 보고 한 사람에게서 나라 전체를 보아야 한다.

생태학적 감수성을 가지고 보면 벌레 하나가 꿈틀거릴 때 온 우주가 꿈틀거리고 들꽃 하나가 필 때 온 우주가 함께 기뻐한다. 온 우주 생명의 아픔이 한 마리 벌레의 몸으로 나타나고 온 우주 생명의 기쁨이 한 송이 들꽃으로 피어난다. 한 사람이 꿈틀거리면 나라 전체가 꿈틀거리고 한 사람이 일어서면 나라 전체가 일어선다.

우주의 역사, 생명진화의 역사, 인류의 역사, 국가민족의 역사가 한 사람 속에 압축되어 있고 새겨져 있다. 그러므로 한 사람이 옳게 살면 우주가 살고 생명진화 역사 전체가 바르게 되고 인류 역사가 보람이 있고 국가와 민족이 사는 것이다. 한 사람 속에 나라 전체가 있으므로 한 사람을 나라의 주인과 주체로 바로 세우는 일은 나라 전체를 바로 세우는 일이다. 또 나라를 개혁하고 새롭게 하면 한 사람의 삶이 변화하고 새롭게 되는 것이다. 21세기 운동은 한 사람을 나라 전체와 동일시하고 나라 전체서 한 사람을 보는 운동이다.

나라 전체에서 한 사람을 보는 21세기 운동은 전체의 자리에서 전체를 끌어안는 운동이며 99명을 위해 1명을 희생하거나 배제하지 않는 상생과 공생의 운동이다. 전체의 자리에서 보면 원수가 있을 수 없고 아무도 버릴 수 없다. 전체의 자리에서 보면 아무도 밖으로 내쫓을 수 없고 아무도 밖으로 도망갈 수 없다. 온 세계가 하나로 되는 시대에는 서로 살리고 더불어 사는 길밖에 없다. 21세기의 운동은 99퍼센트의 정의를 실현하면서 1퍼센트의 존엄과 주체를 지키는 일이다.

넷째, 주체의 자유와 전체의 하나 됨을 통합하는 운동이다. 전체의 자리에서 주체로 사는 '그이'(공인)가 되는 운동이다. 다시 말해서 주체의 깊이에서 전체의 하나 됨에 이르는 운동이다. 모든 공직자와 지도자는 주체의 깊이에서 전체를 생각하는 그이가 되어야 한다. 민주시대에는 모든 민이 전체의 자리서 주체로 생각하고 행동하는 그이가 되어야 한다.

주체의 깊이에서 전체의 하나 됨에 이름으로써 자신의 인격을 변화하고 완성해 가는 운동이다. 전체의 자리서 주체로 생각하고 행동함으로써 자연생명세계와 사회의 본성과 목적을 실현하고 완성하는 운동이다. 나는 나답게 너는 너답게 각자의 개성과 자유를 드러내면서 자연과 사회(역사)를 본성과 이치에 따라 실현하고 완성하면서 서로 다름 속에서 전체의 하나 됨에 이르는 운동이다.

주체의 깊이와 자유에서 전체의 하나 됨에 이르려면 생명과 정신의 껍데기인 탐욕과 편견과 집착을 깨트리고 생명과 정신의 알맹이인 얼과 뜻, 참과 사랑, 정의와 평화가 나의 삶과 정신 속에서 힘차게 살아 있게 해야 한다. 그것이 수행이고 기도이며 예배이고 찬양이다. 그것이 참된 생각이고 명상이며 진정한 만남이고 모임이다. 그것이 일과 운동의 동력이고 과정이고 목적이다. 작은 일이든 큰일이든 누구나 그이가 되어서 생각하고 말하고 행동하도록 힘써야 한다.

다섯째, 사나운 탐욕과 거짓과 폭력에 맞서 비폭력 평화를 실현하는 진리와 사랑의 운동이다. 전체의 자리서 주체로 사는 이는 적이 없고 모든 일에 무한책임을 지는 이다. 그런 이는 전체를 끌어안고 모든 사람을 주체로 섬기며, 나라 전체의 정의와 평화를 이루기 위해서 사랑과 진리로 싸운다. 적이 없고 사랑으로 이치에 따라 싸우는 운동이므로 비폭력 평화운동이다. 전체의 자리는 거짓 나, 껍데기 나가 죽어야 갈 수 있는 자리다. 당파적인 진영 논리를 넘어서서 전체의 자리에 서려면 작은 나가 죽어야 한다. 함석헌은 당파성에서 벗어나려면 "죽기로써 양보해야 한다"고 했다. 비폭력 평화운동은 껍데기의 나, 거짓 나가 죽은 다음에 전체의 자리에서 참된 주체가 되어서 하는 운동이다.

돈과 물질, 탐욕과 편견의 힘에 맞서 생명과 정신의 알맹이인 참과 사랑으로 정의와 평화를 이루려는 사람은 물질적 손실과 희생, 고난과 죽음을 감수할 수 있어야 한다. 생명과 정신의 껍데기에 집착하는 탐욕과 거짓과 폭력에 맞서 싸우려면 돈과 물질, 몸의 본능과 욕구를 넘어서 자유로울 수 있어야 한다. 그런 자유는 물질의 이해관계를 넘고 생사를 넘고 나와 너의 경계를 넘고 지역과 조직, 국가와 종교의 경계를 넘는 자유다.

비폭력 평화운동은 상생평화의 삶을 실현하는 생명운동이다. 서로 다름을 인정하고 존중하면서 서로 주체의 자유와 평등을 실현하는 운동이다. 서로 주체로서 적대적인 집단과 집단, 계급과 계급, 진영과 진영, 지역과 지역, 종교와 종교, 국가와 국가를 주체로 인정하고 존중함으로써 용서와 화해를 실현하는 운동이다.

여섯째, 민주와 평화의 나라를 세우는 운동이다. 지배와 정복, 폭력과 전쟁을 일삼는 낡은 국가주의에서 벗어나 민주와 평화의 국가를 세우고 세계평화와 통일의 길로 나아가는 운동이다. 지배와 정복을 추구한 국가주의는 군사독재와 전쟁으로 귀결되었다. 반민주적인 낡은 국가주의에서 벗어나 민주와 평화의 나라를 건설하는 것이 21세기 시민사회운동의 과제다. 민주와 평화의 나라는 특권과 독점을 깨고 자유와 평등, 자치와 협동을 실현하고 국경을 넘어서 세계평화와 통일의 길로 간다.

21세기 시민사회운동은 국가주의를 넘어서 세계정의와 평화와 통일을 실현하는 운동이며, 국경을 넘어서 이중국적, 다중국적을 인정하고 존중하는 다국적 다문화의 공존과 상생을 실현하는 운동이다. 21세기의 세계시민으로서 한국인은 다른 나라와 다른 나라 사람들에 대한 불신과 편견에서 벗어나 다른 나라를 주체로 섬기고 다른 나라 사람들을 다정한 이웃과 신뢰하는 길벗으로 받아들이고 세계평화와 통일의 길로 나아가야 한다.

일곱째, 자치와 협동의 공동체를 실현하는 운동이다. 자치는 민의 주권을 선언하고 행사하는 일이다. 그것은 나라 전체의 자리에서 민이 서로 주체로서 다스리고 다스림을 받는 일이며 서로 복종하고 명령하는 일이다.

자치는 거짓 나, 작은 나를 버리고 참 나, 큰 나가 되어서 함께 다스리는 일이다. 자치는 나를 바로 세워서 내가 나를 다스리는 일이다. 민이 민을 다스리는 자치는 민이 나라의 주인과 주체 노릇을 하는 것이며 민의 삶과 뜻을 표현하고 실현하는 일이다. 따라서 자치는 껍데기 거짓 나를 깨고 작은 나를 넘어서 큰 나, 나라 전체의 나로 해방되는 일이다.

협동은 주체의 깊이와 자유에서 전체의 하나 됨에 이르는 일歸―이다. 내적으로 통일된 초점(양심과 참 나)에서 작고 거짓된 나를 잊고 버리고 남을 주체로 긍정하고 세우는 일이다. 협동은 남을 긍정하고 세움으로써 나를 바로 세워 큰 나(참 나)가 되는 일이며, 작은 나 거짓 나를 버리고 큰 나가 됨으로써 남을 참되고 큰 나로 초대하는 일이다. 협동은 나를 실현하고 완성함으로써 남을 살리고 세우며 실현하고 완성하게 하는 일이다.

자치와 협동은 나와 네가 깊어지고 커지는 일이며 참되고 큰 나로 되는 일이다. 그것은 주체의 깊이에서 전체의 하나 됨에 이르는 일이며 하늘을 열고 나라를 세우는 일이다. 자치와 협동은 민의 삶과 정신 속에서 큰 나로 해방되는 일이며, 하늘을 열고 새 나라를 낳고 세우는 일이다. 서로 살리고 더불어 사는 길을 여는 자치와 협동은 나를 해방하고 나라를 세우는 생명과 평화의 축제다.

21세기 시민사회운동은 한 마디로 자치와 협동, 생명과 평화를 실현하고 확장하는 씨울운동이다. 각자가 씨울임을 자각하고 씨울이 되어 씨울로 사는 씨울운동이 바로 자치와 협동, 생명과 평화의 생활양식을 조직하고 건설하는 공동체 운동이다. 자치와 협동의 삶과 조직을 세우고 확장하는 씨울 연결망, 씨울 네트워크를 이루어가는 것이 21세기 시민사회운동의 핵심과 기본이다. 사회의 양극화를 심화하고 공동체를 파괴하는 오늘 한국의 정치와 경제를 살리고 구하는 길은 자치와 협동의 직접 민주주의를 확립하는 것뿐이다.

새 쫓는 노래와 동학농민혁명

"새야새야 파랑새야 녹두밭에 앉지 마라. 녹두꽃이 떨어지면 청포장수 울고 간다"는 동요는 한국 근현대에서 가장 널리 불리고 알려진 동요다. 이 노래는 패주한 동학농민군의 미망인들이 전사한 남편의 영혼을 진혼하기 위한 만가輓歌이기도 했다. 이 노래는 전국에서 다양한 가사와 곡조로서 널리 불렸으며, 호남 지방에서는 어린이들의 자장가로서 오랫동안 전해 내려오고 있다.

널리 불리고 친숙한 노래인데 이 노래 가사의 뜻을 이해하기는 쉽지 않다. 정치 현실에 대한 자신들의 생각과 감정을 자유롭고 솔직하게 표현할 수 없었던 민중은 동요를 통해 은유적·상징적으로 그들의 생각과 감정을 나타냈다. 이 노래는 동학농민혁명과 관련된 참요讖謠로서 정치적 비판과 예언을 담고 있다. 민중은 이 노래를 부르면서 다양하고 복잡한 감정과 생각을 나타내고 미묘하고 복합적인 의미를 이 노래에 덧붙이고 끊임없이 새로운 의미를 생성시켰다.

따라서 파랑새 노래의 의미를 한 가지로 고정시킬 수 없게 되었다. 푸른 옷을 입은 관군이나 청나라 군대, 군모를 쓴 일본군을 파랑새가 가리킨다고도 하고 전봉준全琫準의 '全'을 파자破字하면 팔왕八王이므로 팔왕(파랑)새는 전봉준을 가리킨다고도 한다. 녹두밭은 녹두장군이 이끄는 동학농민들을 나타내고 녹두꽃은 녹두장군 전봉준을 가리킨다고 한다. 전봉준을 파랑새로도 보고 녹두꽃으로도 보면 이 노래는 이해할 수 없는 노래가 된다. 이런 모순과 혼란이 생긴 것은 때와 상황에 따라서 민중이 전봉준을 다르게 받아들이고 파랑새 노래를 다르게 불렀기 때문이다. 파랑새 노래는 하나의 고정된 의미를 지닌 노래가 아니었다. 그 노래는 때와 상황에 따라 민중의 심정과 처지에 따라 새로운 의미가 생겨나고 덧붙여지며 새로운 형태로 변화하고 자라나는 살아 있는 노래였다. 이 노래는 노래하는 이가 자신의 생각과 감정을 담아서 부를 수 있도록 누구에게나 열려 있는 노래다. 그러므로 파랑새 노래의 가사를 해석할 때 어떤 가능성도 배제할 수 없다. 다만 시대상황과 민중의 심정에 비추어 그리고 파랑새 노래가 변화·발전해 가는 추세에 비추어 해석할 수 있을 뿐이다.

### 청포장수

파랑새 노래를 전체적으로 논의하기 전에 먼저 '청포장수'에 대해서 생각해 보자. '장수'는 장사치와 장군을 함께 나타내는 말이다. 전라도와 충청도에서는 '장수'를 '장사'라고 한다. '장사'도 마찬가지로 장사꾼과 장군을 함께 나타낸다. 일반적으로 청포장수는 녹두로 만든 청포묵을 팔아서 겨우겨우 살아가는 고달픈 민중을 가리킨다고 한다. 파랑새 노래에서 청포장수의 문학적·문법적 의미는 녹두묵을 팔아서 생계를 이어가는 사람이다. 그런데 청포장수는 푸른 도포를 입은 동학 지도자를 가리킨다고도 한다. 녹두장군이 해를 입으면 청포를 입은 동학 지도자가 슬퍼한다는 것이다. 이렇게 해석할 경우에는 녹두밭과 녹두꽃이 청포장수와 의미가 겹친다. 양쪽 다 동학농민군과 지도자를 가리키기 때문이다.

최근에는 '청포장수'가 창포(전라남도 무안) 지역의 동학군 장수였던 배상옥을 가리킨다는 설도 제기된다. 녹두꽃은 전봉준을 가리키고 창포장수는 배상옥을 가리켰다는 것이다. 녹두장군 전봉준이 패배하면 창포장수 배상옥이 울게 된다는 것이다. 그렇다면 창포 지역에서는 파랑새 노래의 '청포장수'가 '창포장수'로 바뀌어 불렸을 것이다. 아니면 파랑새 노래 자체가 창포장수 배상옥을 걱정하고 안타깝게 생각하는 창포 지역에서 만들어졌다고 보아야 한다. 그러나 어느 경우든 이 노래가 창포 지역을 벗어나면 창포장수라는 말은 의미를 잃는다. 다른 지역에서는 청포장수로 바뀌서 부르게 되었을 것이다. 창포장수는 창포 지역 밖에서는 노래 속에서 존재할 수 없다. 따라서 역사적·실증적으로 이 노래가 창포 지역에서 창포장군을 걱정하며 만들어졌다는 것을 확인하기 전에는 이런 가설은 별 의미를 갖지 못한다. 그리고 실증적으로 그런 사실이 확인되었다고 해도 "창포장수 울고 간다"는 구절은 잠시 창포 지역에서만 살아 있다가 파랑새 노래가 호남 지역과 전국으로 널리 퍼지면서 의미를 잃고 누구나 공감하고 이해할 수 있는 '청포장수'로 대체되었을 것이다. 따라서 창포장수 가설은 파랑새 노래에서 큰 의미를 갖지 못한다.

동학혁명운동과 관련된 이 동요는 참요讖謠로서 정치적인 미래를 예언할 뿐 아니라 정치현실에 대한 비판과 바람을 담고 있다. 이 노래는 "새야 새야 파랑새야 녹두밭에 앉지 마라. 녹두꽃이 떨어지면 청포장수 울고 간다"는 가사를 중심으로 새로운 가사가 덧붙여지고 확대되었다. 동학운동 당시 민중은 파랑새(녹두새)와 녹두밭(녹두꽃)을 핵심어로 여러 가지 형태의 동요를 만들어 부름으로써 동학운동과 정치현실에 대한 자신들의 생각과 감정, 희망과 분노를 표현했다. 이 동요들을 탐구하고 이해함으로써 전봉준과 동학농민혁명에 대한 민중의 솔직한 판단과 평가를 알 수 있다. 전봉준과 동학혁명운동에 대한 민중의 판단과 평가는 한국 근현대사를 이해하고 오늘의 역사를 형성해 가는 데 중요한 지침이 될 수 있다.

이 노래는 어떻게 생겨났을까? 녹두밭에서 새 쫓는 노래로부터 생겨났을 것이다. 녹두는 삼국시대 이전부터 한반도에서 널리 재배한 작물이다. 녹두를 재배할 수 있는 기간이 길고, 심고 나서 두 달이면 거둘 수 있기 때문에 이모작을 할 수 있다. 원래 전북 부안, 김제, 정읍, 고창 일대의 호남평야는 날이 가물어 모를 내지 못하면 벼 대신 논에 녹두를 심었다. 이 녹두를 갈아서 만든 묵이 청포淸泡다. 그런데 녹두가 익을 때쯤이면 새들이 날아와서 극성을 부린다. 동학혁명 이전부터 녹두밭에서 새를 쫓는 노래가 있었다.[17)]

동학농민혁명 기간에 중요한 구실을 했던 동학교도 오지영은 《동학사》(1940)에서 이렇게 말했다. "선시先時에 조선 안에 동요가 있었는데 아래와 같다. '새야새야 녹두綠豆새야 웃녘새야 아랫녘새야 전주全州 고부古阜 녹두새야 함박 쪽박 열나무 딱딱 후여.' 이 노래는 거금距今 60년 전부터 세상에 유행이 되어 여러 아해들이 벼 밭에서 새떼를 모는 소리였다. 그런데 그것은 전봉준의 아명이 녹두라 하여 이 동요가 예언으로 나온 것이라고 전설傳說이 분분紛紛하였다."[18)]

오지영의 말에서 동학농민혁명운동 이전에 녹두새를 쫓는 노래가 있었음을 확인할 수 있다. 그리고 새 쫓는 노래가 녹두장군 전봉준과 동학농민혁명을 예언하는 노래로 받아들여졌음을 시사한다. 이 노래는 웃녘새 아랫녘새 전주고부 녹두새까지 모든 새들을 쫓아내는 노래다. '함박, 쪽박, 열나무 딱딱'은 큰 바가지, 작은 바가지를 큰 소리 나는 열나무로 딱딱 쳐서 큰 소리를 내면서 또 '후여!' 하고 소리를 지르면서 새들을 쫓는 것을 나타낸다. 여기서 전주 고부 녹두새는 본래 천지고비天地高卑

녹두새, 하늘 땅 사이에 높고 낮게 나는 녹두새인데 전주 고부 지역 사람들이 전주 고부 녹두새로 바꾸어 부른 것 같다.

고부에서 전봉준이 혁명운동을 일으켰을 때는 '전주 고부 녹두새'가 어려서부터 녹두라고 불렸던 전봉준을 가리킨다고 생각하는 사람들이 있었을 것이다. 새들을 쫓는 노래에서 녹두새가 전봉준을 가리키는 것으로 받아들여졌다면 녹두새 노래는 전봉준을 새로 보고 쫓는 노래로 불렸을 것이다. 새 쫓는 노래는 전봉준의 혁명운동이 실패할 것을 예언할 뿐 아니라 전봉준의 혁명운동에 반대하는 참요로 쉽게 받아들여졌다. 새 쫓는 노래들은 기본적으로 삶의 터전인 논과 밭, 녹두밭과 녹두꽃을 지키기 위해서 새들을 쫓으려는 것이며 전봉준과 동학농민군을 자신들의 삶을 해치는 새로 보고 있다. 이들에게는 전봉준도 삶의 터전인 논과 밭, 녹두밭을 해치는 새에 지나지 않았다.

이들과는 달리 전봉준과 동학농민군을 지지하는 사람들은 '전주 고부 녹두새'를 전주고부 지역의 벼슬아치로 보고 이 노래를 불렀을 것이다. 민중의 삶을 수탈하는 벼슬아치들을 새들로 보고 몰아내려고 하는 것은 당시의 민중에게 자연스러운 일이다. 이처럼 같은 노래를 가지고 사람들에 따라서 상반된 의미로 부르는 일이 이어졌다. 그리고 새를 쫓는 노래도 여러 형태로 변화·발전하면서 전봉준과 동학농민혁명운동에 대한 다양하고 복잡한 생각과 감정을 나타낸다. 전봉준을 새로 보면서도 전봉준을 지켜주고 보호하려는 맘을 담은 노래도 나온다. 전봉준 생가의 비석에 새긴 파랑새 노래의 한 소절 "새야새야 파랑새야 전주고부 녹두새야 어서 바삐 날아가라"에서 '전주 고부 녹두새'는 분명히 전봉준을 가리키지만, 전봉준을 내쫓는 노래가 아니라 전봉준이 달아나서 살기를 바라는 노래다.

## 파랑새 노래에 담긴 민중의 생각과 감정

새 쫓는 노래가 논과 밭에서 크게 소리 지르며 부르는 노래라면 "새야새야 파랑새야 녹두밭에 앉지 마라. 녹두꽃이 떨어지면 청포장수 울고 간다"는 노래는 매우 서정성이 깊고 맘을 울리는 노래다. 녹두밭에 앉아서 조용히 부르거나 어린아이를 다독이며 재울 때 자장가로 부를 수 있는 노래다. 이 노래는 문학적으로나 내용적으로 완결성이 있어서 동학농민운동과 관련 짓지 않고도 노래할 수 있다. 녹두밭과 녹두꽃은 지켜야 할 소중한 삶의 터전이다. 노래를 부르는 이는 파랑새를 쫓아내기보다는 파랑새에게 호소하고 당부한다. 파랑새가 녹두밭에 앉아서 녹두꽃이 떨어지면 녹두묵을 팔아서 생계를 유지하는 청포장수가 울고 간다는 것이다. 가난하고 고달픈 청포장수가 맘 아파하고 울지 않도록, 파랑새에게 녹두밭에 앉지 말아 달라고 부탁한다. 노래하는 이는 녹두밭과 녹두꽃을 사이에 두고 청포장수의 심정과 처지를 파랑새에게 전하려고 한다. 노래하는 이의 맘속에서 파랑새와 청포장수의 소통과 교감이 추구된다.

### 파랑새와 녹두밭

먼저 파랑새에 대한 논의를 할 필요가 있다. 노래에 나오는 파랑새는 서양과 동양에서 희망과 행복을 나타내는 파랑새, 조류학에서 말하는 파랑새가 아니다. 조류학에서 말하는 파랑새는 몸길이가 29.5센티미터 되는 큰 새이며 곤충을 잡아먹는 사나운 새다. 이 새는 우리나라에서 쉽게 볼 수 없을 뿐 아니라 녹두밭에 앉지 않는다. 따라서 녹두밭과 관련된 파랑새 노래에 나오는 새는 조류학자들에 따르면 방울새 또는 큰유리새다. 방울새나 큰유리새는 파랑새보다 작고 참새보다는 큰 새로서 몸길이가 15센티미터쯤 된다. 곤충도 잡아먹지만 씨앗을 주로 먹는 이들은 우리나라에서 흔히 볼 수 있으며 떼를 지어 다닌다. 이들은 갈색과 푸른색이 섞여 있는 푸르스름한 새다. 예로부터 우리나라 사람들은 오방색, 즉 빨강, 파랑, 노랑, 깜장, 하양을 가지고 색을 구분하고 느꼈다. 파랑靑과 푸름綠을 구별하지 않고 파랑으로 표현했다. 하늘과 바다, 산과 강을 모두 파랑으로 표현했다. 여기서 파랑새와 녹두새는 같은 새다. 녹두새는 파랗고 작은 새다.

어찌하여 새들이 녹두밭에 앉으면 녹두꽃이 떨어진다고 하는가? 새들이 녹두꽃을 따먹지도 않는데 녹두꽃밭에 앉을 이유가 없지 않을까? 녹두꽃과 열매가 열리는 시기와 방식을 보면 녹두꽃은 아래서부터 피기 시작하고 열매도 아래서부터 열리기 시작한다. 꼬투리 속의 열매가 제대로 익으면 조금만 건드려도 꼬투리가 터지면서 녹두알이 흩어진다. 아래에서는 녹두알이 다 익었는데 위에서는 꽃이 피기 시작한다. 그래서 익은 녹두알과 새로 피는 꽃이 함께 있는 기간이 한동안 지속된다. 따라서 새들이 녹두알을 따먹기 위해 녹두밭에 앉다 보면 녹두꽃이 떨어질 수 있다.

이 노래는 노래하는 이의 맘을 녹두밭과 녹두꽃, 파랑새와 청포장사와 교감시키고 소통시키는 아름다운 노래다. 노래하는 이는 녹두밭과 녹두꽃을 중심으로 청포장수와 파랑새와 맘을 열고 소통하고 교감한다. 이 노래의 중심에는 삶의 터전인 녹두밭과 녹두꽃을 지키려는 맘이 있고 녹두에 의지해서 살아가는 청포장사에 대한 애정과 배려가 있다. 그리고 파랑새를 위협해서 쫓아내기보다는 파랑새의 인정과 심정에 호소한다.

### 파랑새 노래의 의미 변화

이 노래도 두 가지 가능성을 가지고 해석할 수 있다. 전봉준과 동학농민혁명운동이 일어나기 전에 이 노래가 생겨났을 가능성과 그 후에 생겨났을 가능성이다. 이 노래의 문학적·시적·정서적 완결성은 전봉준과 동학농민운동과 관련 없이도 이 노래를 부르고 이해할 수 있게 한다. 그러나 그 내용과 정서가 전봉준과 동학농민혁명운동과 너무 잘 들어맞기 때문에 동학농민운동과 관련해서 이 노래가 생겨났을 가능성도 충분히 존재한다. 전자의 경우에도 녹두장군 전봉준이 동학농민운동을 일으켰을 때 이 노래는 이내 동학농민운동과 긴밀히 결합되어서 불러지고 전해졌을 것이다.

정치현실과 관련되면 동요는 정치현실을 비판하거나 미래를 예언하는 참요의 성격을 지니고, 다양한 의미로 해석되면서 새로운 의미가 생성되기도 하고 덧붙여지기도 한다. 동요의 의미는 하나의 의미로 고정되지 않고 때와 장소, 부르는 사람에 따라서 달라지고 새로워지고 덧붙여진다. 처음부터 전봉준과 동학혁명운동에 비판적이고 비관적인 사람들은 이 노래를 동학혁명운동에 대해서 비판적이고 비관적인 생각과 감정을 담아서 불렀을 것이다. 녹두장군 전봉준은 녹두꽃으로, 동학농민군은 녹두밭으로 보고 동학농민혁명이 실패로 돌아갈 것이니 농민의 자녀, 남편, 형제들에게 가담하지 말라고 당부하는 노래가 될 수도 있다. 그러면 파랑새는 민중이 된다. 또 녹두밭과 녹두꽃을 삶의 터전으로 보고 전봉준과 동학농민군을 삶의 터전을 해치는 파랑새로 볼 수도 있다. 그러면 이 노래는 전봉준과 동학농민군이 우리 삶의 터전과 가족, 친지, 마을 사람들에게 다가오지 말라고 기원하는 노래가 된다.

그러나 전봉준과 동학농민군을 삶을 지키고 해방시키는 의로운 군대로 보는 많은 사람들은 전봉준과 동학농민군에 대한 애정과 신뢰를 가지고 이 노래를 불렀을 것이다. 많은 사람이 전봉준과 동학농민혁명군에 크게 공감하고 이들을 환영하고 지지했을 것이다. 이런 사람들에게 녹두장군 전봉준은 녹두꽃이고, 그가 이끄는 동학농민군은 녹두밭으로 여겨졌다. 전봉준과 동학농민군이 관군·일본군과 싸울 때, 이들은 전봉준과 농민군이 다치지 않기를 간절히 바라는 맘으로 이 노래를 불렀다. 그러면 파랑새는 파란 군복을 입은 관군, 군모를 쓴 일본군과 동일시되었을 것이다. 청나라 군대도 청淸과 파랑의 청靑이 발음이 같기 때문에 파랑새로 생각될 수 있다. 그러나 청나라 군대와 동학군의 전투는 별로 이루어지지 않았기 때문에 청나라 군대에 대한 적대감은 크지 않았다. 관군과 일본군을 파랑새로 보고 동학농민군을 녹두밭으로, 전봉준을 녹두꽃으로 보고 관군과 일본군이 전봉준과 동학농민군을 해치지 않기를 간절히 바라는 맘으로 많은 민중은 이 노래를 불렀다.

동학혁명운동이 일어나던 시기에 "가보세 가보세 을미적 을미적 병신되면 못 가보리"라는 노래가 널리 불렸다고 한다. 동학혁명운동은 갑오년인 1894년에 일어났는데 다음해인 1895년은 을미乙未년이고 그 다음해인 1896년은 병신丙申년이었다. 갑오년에 혁명운동을 서둘러서 성공시켜야지 미적거리다가 을미년까지 미루면 병신년에 가서 아주 못쓰게 된다는 것을 나타낸 노래다. 이 노래는 당연히 동학농민군을 결집시키고 농민들을 일깨워 동학혁명운동에 참여하도록 독려하는 노래였다. 그러나 한쪽에서는 갑오년, 을미년, 병신년과 관련해서 동학농민혁명이 갑오년에 시작돼서 을미년까지 미적거리다가 병신년에 가서 완전히 실패로 끝날 것을 예언하는 노래로 불리기도 했을 것이다. 이 노래는 더 나아가서 동학혁명운동을 비웃고 조롱하는 노래로도 불렸을 것이다. "새야 새야 파랑새야 녹두밭에 앉지 마라 녹두꽃이 떨어지면 청포장사 울고 간다. 가보세 가보세 을미적 을미적 병신되면 못 가보리"(황토현 전적지 갑오농민혁명기념탑 옆에 세운 비석에 새긴 글).

### 전봉준, 새가 되다

전세가 불리해져서 전봉준과 동학농민군이 위태로워졌을 때 민중은 전봉준과 동학농민군을 파랑새로 보고 달아나라는 노래로 바꾸어 부르기도 했다. 전봉준 생가의 비석에 새긴 파랑새 노래 가운데 나오는 "새야 새야 파랑새야 전주고부 녹두새야 어서 바삐 날아가라"는 가사는 분명히 전봉준이 죽을 위험에서 벗어나기를 바라는 노래다. 만일 이런 관점에서 파랑새 노래를 부른다면 파랑새는 전봉준이 되고 "녹두밭에 앉지 마라"는 새를 쫓는 소리가 아니라 녹두밭에 앉았다가 녹두꽃이 떨어지면 위험하니 녹두밭을 떠나라는 말이 된다. 이 경우 파랑새가 녹두밭에 앉는 것이 녹두꽃이 떨어지는 원인이 되지 않는다. 녹두꽃이 떨어지는 것은 시절이 바뀌었거나 녹두밭과 녹두꽃을 해치는 다른 세력이나 사건이 있기 때문이다. 노래하는 이는 녹두밭과 녹두꽃이 아니라 파랑새를 걱정한다. 파랑새가 녹두밭에 앉았다가는 파랑새가 다치니까 어서 녹두밭을 떠나라는 말이다. 이런 안타까움은 타이르고 다그치는 말로도 나타난다. "새야 새야 파랑새야 녹두잎에 앉은 새야 녹두잎이 깐닥하면 너 죽을 줄 왜 모르니."

동학농민혁명은 1894년 1월에 시작해서 12월 28일에 전봉준이 체포되면서 큰 싸움이 끝이 난다. 동학농민혁명은 한겨울에 시작해서 한겨울에 끝났다. 한참 동학혁명군이 기세를 올릴 때는 좋은 시절이 온 듯했고 혁명의 승리와 완성이 눈앞에 있는 것처럼 보였다. 그러나 전봉준과 동학혁명군은 때를 잘못 타고 나왔다. 꽃 피는 봄, 여름 좋은 시절인 줄 알았는데 아직도 겨울이었다. 아직 혁명의 때가 무르익지 않았다. 때를 제대로 보지 못하고 준비와 훈련 없이 혁명운동이 시작되었던 것이다. 봄, 여름 좋은 시절인 줄 알았는데 여전히 겨울이었다. 전봉준과 동학농민군의 처절한 패배는 혁명의 봄이 아니라 한겨울임을 보여 준다.

때를 모르고 일찍 나온 동학농민군과 전봉준에 대한 안타까움을 알리는 가사들이 많이 나온다. "새야 새야 파랑새야 너는 어이 날라 왔니 솔잎댓잎 푸릇푸릇 봄철인가 날라 왔지." 겨울인데 봄인 줄 착각했다는 것은 혁명의 시기가 성숙하지 못하였는데 거사를 해서 결국 실패했다는 안타까움을 표현한 것 같다. 다음의 가사는 전봉준이 시대를 잘못 읽고 나와서 혁명에 실패했음을 분명히 밝힌다. "새야 새야 八王 새야 너 무엇하러

나왔느냐 솔잎댓잎이 푸릇푸릇 하절인가 하였더니 백설이 펄펄 흩날리니 저 건너 청송녹죽이 날 속인다." 본디 솔잎, 댓잎, 청송녹죽은 사시사철 푸른 것이다. 그것을 보고 시절을 판단해서는 안 된다. 전봉준은 솔잎과 대나무 잎이 푸른 것을 보고 혁명의 봄이 온 줄 착각하고 혁명을 일으켰는데 지금은 봄이 아니고 백설이 펄펄 흩날리는 한겨울이라는 것이다.

전봉준과 동학농민군 때문에 농민들의 목숨과 살림 터전이 파괴된다고 생각하는 사람들은 전봉준과 동학농민군을 파랑새, 녹두새로 보고 농민들의 살림 터전인 녹두밭에 앉지 마라는 뜻으로 파랑새 노래를 불렀다. 전봉준이 체포되고 나서 관군과 일본군에게 살육당한 사람이 30만 명이 넘는다고 한다. 동학농민혁명 과정과 전투패배 후 수십만 명이 처형되고 농민들의 살림 터전이 철저히 파괴되었다. 이런 상황에서 민중은 전봉준과 동학혁명군에 대해서 애정과 안타까움을 느끼면서도 원망과 분노도 품게 되었다. 부모와 형제, 남편과 자식, 친구와 동료들을 잃고 살림 터전을 뺏긴 여인들과 농민들이 전봉준과 동학농민군에게 좋은 감정만 가질 수는 없었다. 이들은 탄식과 비난, 원망과 미움을 품고 파랑새 노래를 불렀다.

삼일운동에 참여했다가 경기고보에서 퇴학당하고 일본과 독일에서 음악을 공부했던 민족주의 음악가 채동선이 수집한 파랑새 노래 가사 가운데는 파랑새, 녹두새를 쫓는 내용이 나온다.

새야 새야 파랑새야 녹두 밭에 앉지 마라

녹두 꽃이 떨어지면 청포 장수 울고 간다

새야 새야 파랑새야 우리 논에 앉지 마라

새야 새야 파랑새야 우리 밭에 앉지 마라


아랫녘 새는 아래로 가고 윗녘 새는 위로 가고

우리 논에 앉지 마라 우리 밭에 앉지 마라

우리 아버지 우리 어머니 손톱발톱 다 닳는다

새야 새야 파랑새야 우리 밭에 앉지 마라


위여 위여 위여 위여

새야 새야 파랑새야

우리 논에 앉지 마라


새야 새야 파랑새야 전주고부 녹두새야

윗논에는 차나락 심고 아랫논엔 메나락 심고

울 오래비 장가갈 때 찰떡치고 메떡 칠결

네가 왜 다 까먹느냐 네가 왜 다 까먹느냐

위여 위여 위여 위여 위여 위여

새야 새야 파랑새야 우리 논에 앉지 마라 (채동선 채보)


이 파랑새 노래에서는 "새야 새야 파랑새야 녹두 밭에 앉

지 마라 녹두 꽃이 떨어지면 청포 장수 울고 간다"는 기본 가사
가 나온 다음 줄곧 파랑새, 전주고부 녹두새를 쫓는 내용이 되
풀이 나온다. 바로 이어서 나오는 "새야 새야 파랑새야 우리 논
에 앉지 마라 새야 새야 파랑새야 우리 밭에 앉지 마라"는 '우
리 논'에 앉지 마라, '우리 밭'에 앉지 말라고 함으로써 우리 삶
의 터전을 지키려는 절실함을 드러낸다. 우리 아버지 어머니가
손톱발톱 다 닳게 농사지은 논과 밭을 지키려는 안타까움도 나
온다. 윗녘 새 아랫녘 새 전주고부 녹두새까지 모든 새는 다 떠
나라는 것이다. 모든 새들을 내쫓고 지키려는 곳은 우리 삶과
삶의 터전이다. "새야 새야 파랑새야 전주고부 녹두새야 윗논에
는 차나락 심고 아랫논엔 메나락 심고 울 오래비 장가갈 때 찰
떡치고 메떡 칠걸 네가 왜 다 까먹느냐 네가 왜 다 까먹느냐"는
대목은 파랑새가 녹두새 전봉준임을 시사한다. 혁명가 영웅 녹
두장군 전봉준도 우리 아버지 어머니가 손톱 발톱 다 닳게 짓
는 농사, 살림 터전을 해치는 새에 지나지 않는다. 윗논에는 찰
벼를 심고 아랫논에는 메나락(멥쌀)을 심고 우리 오라비 장가
갈 때 찰떡, 메떡을 만들려는 걸 네가 왜 다 까먹느냐고 나무란
다. 삶을 해치고 파괴하는 새들을 쫓을 뿐 새들에 대한 동정이
나 미련은 일체 없다. 새 쫓는 소리 '위여'를 여섯 번이나 되풀
이하고 "우리 논에 앉지 마라"는 말로 끝낸다. 여기서는 파랑새
녹두새에 대한 동정과 배려, 안타까움이 없고 청포장수의 눈
물에 대한 감상도 더 이상 없다. 오직 농민의 삶과 살림 터전을

지키려는 간절함과 안타까움만 가득하다. 농민의 삶과 살림터 전을 해치는 혁명도 혁명가도 새들에 지나지 않고 이런 새들을 쫓아내려는 마음뿐이다.

동학농민혁명이 실패하고 수십만 명이 살육당하고 살림 터 전이 무너진 말할 수 없는 슬픔과 허무 속에서 어린아이들과 함께 하루하루 살아가는 민중은 녹두장군 전봉준과 동학농민 혁명군에 대해서 매우 복잡하고 다양한 생각과 감정을 갖게 되었다. 이런 복잡하고 다양한 생각과 감정을 파랑새 노래에 담아 부르고 파랑새 노래들을 새로 지으면서 한국 근현대사의 가장 힘들고 고달픈 고개를 넘어왔다. 녹두밭에 있는 파랑새들을 보고 파랑새 노래를 부르면서 전봉준과 동학농민군의 죽은 넋을 보기도 하고 그들에 대한 안타까움과 그리움을 달래기도 했을 것이다.

파랑새 노래를 살펴보면 민중이 녹두장군 전봉준과 동학농 민혁명군에 대해서 매우 복합적이고 다양한 생각과 감정을 지니고 있으며 상반된 평가를 내리고 있음을 알 수 있다. 파랑새 노래를 부르면서 그들에 대한 동정과 연민, 존경과 찬탄을 품기도 했을 것이다. "새야 새야 파랑새야 녹두밭에 앉은 새야 아버지의 넋새 보오 엄마 죽은 넋이외다"에는 녹두밭에 앉은 파랑 새들을 보면서 전봉준과 함께 죽은 동학농민군들의 죽은 넋을 보고 그리워하는 심정이 드러난다. 동학혁명운동에서 부모와 남편, 형제와 친척을 잃은 여인들은 이런 노래를 부르면서 맘을 달랬을 것이다. 파랑새 노래는 패주한 농민군의 미망인들이 전사한 남편의 영혼을 달래는 만가輓歌이기도 했다.

그러나 원망과 탄식, 비난과 조롱의 감정도 그들은 품었을 것이다. 전봉준과 김개남 장군의 패전을 말하는 노래는 안타까움보다는 비웃음과 빈정거림을 나타낸다. "봉준아 봉준아 전봉준아 양에야 양철을 짊어지고 놀미 갱갱이 패전했네." '양에야 양철'은 일본군이 쓰던 서양식 무기를 나타내고 '놀미', '갱갱이'는 논산과 강경을 나타낸다. 전봉준이 일본군이 쓰는 서양식 무기를 가지고 나댔지만 논산과 강경의 전투에서 패배했음을 노래한다. 서양과 일본의 외세를 배격했던 전봉준이 일본군이 쓰던 서양식 무기를 짊어지고 패전했다는 것은 기이하고 우스꽝스럽다. "개남아 개남이 진개남아 수많은 군사를 어디다 두고 전주 야숲에서 유시했노." 유시諭示는 백성을 가르치고 타이르는 것을 의미한다. 군사를 잃고 홀로 전주 지역의 들, 숲에서 사람들을 가르치고 타일렀다는 말이니 패전한 김개남을 비웃고 조롱하는 노래다. 민중은 역사와 인물에 대해서 매우 자유로운 것 같다. 존경하고 숭배하며 따르다가도 아니다 싶으면 사정없이 버리고 비웃고 조롱하며 멀리한다. 민중이 이렇게 역사와 인물에 대해서 자유로울 수 있는 것은 이념과 의리, 생각과 감정보다는 삶 자체에 충실하기 때문일 것이다.

## 혁명의 영웅 전봉준

전봉준은 민의 한 사람으로서 부패하고 무능한 권력과 불의한 관리에 맞서 혁명운동을 일으킨 영웅이다. 민중의 힘을 결집하여 관군과 관리를 몰아내고 호남지역에 집강소를 열어서 몇 달 동안의 짧은 기간이지만 민의 자유와 평등, 자치와 협동의 삶을 실현하고, 가난한 농민들에게 자존과 존엄, 해방의 기쁨을 맛보게 한 것은 그의 큰 업적이었다. 그러나 그는 조선 봉건왕조를 대체하는 새로운 국가조직과 체제에 대한 분명한 사상과 이념을 가지지 못했고 세계의 변화와 흐름에 대한 안목과 이해가 부족했다. 또한 동학농민혁명군을 제대로 교육하고 훈련하지 않은 채 충분한 준비와 계획 없이 관군, 일본군과 맞서 싸웠다. 당시 전봉준으로서는 선택의 여지가 없는 어쩔 수 없는 형편과 상황이 있었다고 해도 준비와 계획, 훈련과 교육도 없이 혁명전쟁에 나선 것은 무모한 일이었다. 한겨울에 허술한 옷을 입고 죽창과 화승총을 가진 농민군을 이끌고 현대무기와 현대식 훈련을 받은 일본군, 관군과 싸움으로써 수만 명을 죽음에 이르게 한 것은 용감하고 대단한 일이기는 하지만 참혹하고 무책임한 일이었다. 동학농민군의 패전 이후 30여 만 명이 살육당함으로써 한동안 한민족의 생명력과 정신력은 고갈되고 소진되었으며 10~15년 사이에 나라가 망하고 일제의 식민지가 되고 말았다.

전봉준은 혁명운동을 일으키고 잡혀서 죽을 때까지 민족의 정신과 바른 기운을 내보였고 당당한 영웅적 기개를 잃지 않았다. 손화중, 최경선 등과 함께 전봉준은 사형언도를 받고도 태연하고 여유 있는 모습을 보여서 조선과 일본의 법관들을 압도했다고 한다. 그가 죽을 때 남긴 시도 그의 영웅다움을 드러낸다.

때를 만나서는 천하도 힘을 합하더니 時來天地 皆同力

운이 다하니 영웅도 어쩔 수 없구나 運去英雄 不自謨

백성을 사랑하고 정의를 위한 길이 무슨 허물이야 愛民正義 我無失

나라를 위한 일편단심 그 누가 알리 愛國丹心 誰有知

전봉준도 자신을 영웅으로 지칭하고 있다. 위대한 영웅과 위대한 혁명은, 실패한 혁명은 물론이고 성공한 혁명조차도 모두 과거에 속한다. 모든 과거는 지나간 것이고 잘못과 허물을 가진 것이다. 과거過去에서 과過는 지나간다는 뜻과 허물과 잘못을 함께 나타내는 말이다. 생명의 역사에서 절대 완전한 것은 없기 때문에 지나간 것은 모두 잘못과 허물을 지닌 것이다. 그런 의미에서 과거는 벗어 버려야 할 허물(껍질)이고 고쳐야 할 잘못이며 씻어야 할 '때'다. 전봉준은 실패한 혁명가요 동학농민혁명은 실패한 혁명이다. 그것도 수십만 명을 죽음으로 내몰고 패배한 혁명이다.

따라서 동학농민혁명과 전봉준에 대해서 제대로 평가하고 비판할 수 있어야 한다. 동학농민혁명의 위대한 이념과 숭고한 감정에 압도되어 그것을 미화하고 정당화하려고만 하는 것은 지난 역사에 대해서 아첨하는 것이며 게으르고 부정직한 것이다. 높은 이념과 숭고한 열정으로 살아가는 지식인 학자들과 운동가들은 오늘도 전봉준과 동학혁명을 비판하기 어렵다. 그러나 주어진 현실 속에서 주어진 삶을 하루하루 힘겹게 살아가는 민중은 역사와 사회의 삶 자체를 살아야 하기 때문에, 과거의 역사에 대한 아첨과 게으름에 머물 수 없다. 민중의 삶 자체가 과거를 있는 그대로 솔직하고 정확하게 볼 수 있게 한다. 주어진 삶에 충실한 어린이가 정직하게 삶을 그대로 드러내듯이 민중도 과거의 역사와 삶에 대해서 정직하고 용기 있고 말하고 표현한다.

전봉준과 동학혁명운동의 껍질을 벗기고 알맹이를 살리자. 알맹이는 무엇이고 껍질은 무엇인가? 오늘 주어진 삶에 충실하고 새 삶을 일구어 가야 하는 민중의 자리에서 보면 전봉준도 동학혁명운동도 과거의 인물이고 사건이며 벗어야 할 허물이고 껍데기다. 그러나 전봉준과 동학농민혁명은 그 속에 생명과 역사와 정신의 알맹이를 가지고 있다. 먼저 우리가 살려 내고 키워야 할 전봉준과 동학농민혁명의 알맹이를 살펴보자. 전봉준과 동학농민혁명에서 민족의 정신과 생명이 크게 분출했다. 크게 보면 전봉준과 동학혁명은 한국 역사 전체 혹은 한국 근현대사의 알맹이 중의 알맹이다. 역사와 사회의 바닥에서 역사와 사회의 껍질을 깨고 민중의 삶과 정신을 꽃피우고 열매 맺었다. 억압과 수탈을 일삼고 거짓과 불의로 가득한 부패한 권력과 낡은 체제를 깨트리고 민중의 삶을 해방시킨 것은 전봉준과 동학농민혁명이 민족의 정신과 삶에 충실한 것을 말해 준다.

전봉준과 동학혁명이 내세운 동학의 가르침, 사람마다 한울님을 모시고 사람을 한울님으로 섬기라는 가르침은 한민족의 정신과 삶에 사무친 믿음과 염원이며 한민족의 생명과 정신 속에서 키워 낸 알맹이다. 그와 그의 혁명운동은 이처럼 높은 정신과 이념과 사상을 지니고 있었다. 전봉준이 동학을 맘을 지키고 하늘을 경외하는 종교사상守心敬天으로 높이 받들었다는 것은 그의 동학혁명운동이 정치·사회의 변혁을 넘어서 인간의 삶과 정신을 바로 세우는 운동이었음을 보여준다. 이러한 높은 정신과 이념은 물려받아 키워가야 할 알맹이다.

전봉준이 외세를 배척하고 부귀와 권력을 독점한 특권세력을 몰아내고 자유와 평등, 자치와 협동의 민주세상을 열려고 했던 것은 높이 평가하고 이어받아야 할 알맹이다. 일본과 청나라와 서양 세력이 우리나라를 침략하고 지배하려고 하는 상황에서 외세를 배척하고 주체적으로 나라를 바로 세우고 정의와 평화, 자유와 평등의 세상을 열려고 한 것은 한국 근현대사에서 참으로 옳은 방향과 목적과 내용을 제시한 것이다. 그가 호남지역에서 집강소를 열어서 완벽하지는 않지만 민중의 자치와 협동, 자유와 평등을 실현하려고 한 것은 19세기뿐 아니라 20세기를 넘어 21세기에 더 절실하고 긴급하게 요청되는 정치·사회적 과제와 목적을 제시한 것이다.

전봉준과 동학농민혁명의 문제는 무엇인가? 새로운 국가에 대한 이념과 이해가 없었다. 세계의 흐름과 변화에 대한 안목과 식견이 부족했다. 민중과 혁명군에 대한 교육과 훈련이 없었고 혁명운동과 투쟁의 준비와 계획을 제대로 하지 못했다. 그는 민중 한 사람 한 사람을 깨워 일으키는 교사가 되지 못했다. 그는 민중을 선동해서 흥분한 민중을 이끌고 혁명투쟁을 벌인 영웅이다. 그는 가난하고 고달픈 이웃을 보살피고 도와주는 어질고 따뜻한 인물이었다. 분노와 저항의 감정으로 일어난 민중의 혁명운동에 올라탄 전봉준은 10만 대군을 호령하는 대장군이었고 고위 관료와 적장들을 위압하는 기개를 지닌 영웅이었다. 그는 교육도 받지 못하고 훈련도 받지 못한 농민군을 죽창과 화승총으로 무장하여 앞세웠다. 혁명전쟁의 준비와 계획을 제대로 하지 않은 채 오랜 교육과 훈련을 받고 충분한 준비와 계획을 가진 일본군·관군과 싸움으로써 수만 명을 죽음으로 내몰았다. 동학농민혁명군이 패배한 후 일본군과 관군은 30만 명에 이르는 민중을 살육하여 이 땅을 피로 물들였다. 이로써 민족의 생명력과 정신력은 소진되고 나라를 지탱할 수 있는 힘을 잃었다. 10년 후에 나라의 주권을 일제에게 뺏기고 다시 5년 후에는 완전히 나라를 잃고 일제의 식민지가 되었다. 동학농민혁명을 통해서 민족의 생명과 정신이 크게 드러나고 장엄하고 화려한 꽃을 피웠으나 이내 시들고 말았다. 당시 우리 민족과 민중이 지닌 생명력과 정신력이 한껏 분출했지만 결실을 맺지 못하고 큰 실패와 좌절을 맛보게 되었다.


### 동학혁명의 꽃은 지고 씨울을 맺다

1896년 병신년까지 동학농민군에 대한 박해와 살육이 이어졌다. 동학농민혁명운동의 실패를 딛고 새 역사를 열기 위해서는 동학혁명운동의 실패에 머물러서는 안 되었다. 동학혁명운동의 실패를 냉정하게 반성하고 새 출발을 해야 했다. 파랑새 노래에 대한 연구를 통해서 알 수 있듯이 당시의 민중은 전봉준과 동학농민혁명을 미화하거나 찬양하는 데 머물지 않고 비판하고 상대화할 수 있었다. 과거의 역사에 대한 비판과 상대화를 통해서 민중은 새 역사의 주인으로 일어설 수 있었다. 동학농민혁명의 실패를 경험하고 동학농민혁명 이후 시대를 살았던 많은 지식인들과 독립지사들은 전봉준과 동학농민혁명의 한계와 문제를 정확히 파악했고 동학농민혁명에 대해서 비판적 거리를 두었다. 안창호를 교육독립운동으로 이끌었던 필대은도 동학농민혁명운동에 참여했다가 더 이상 동학농민운동으로는 새 역사를 열 수 없음을 알고 동학을 떠났다. 일찍이 동학운동에 헌신했던 김구도 동학농민혁명이 실패한 다음에는 다시 동학운동으로 돌아가지 않았다. 동학농민혁명운동의 실패 이후 동학의 교주가 된 손병희도 동학혁명운동의 노선을 교육문화 운동으로 바꿨다.

동학농민혁명의 실패와 좌절을 겪고 나서 민중도 교육과 훈련이 필요하다는 것을 절감하게 되었다. 현대식 무기를 가지고 현대적 교육과 훈련을 받은 일본군에게 다수의 농민군이 패배하는 것을 보고 더욱 교육이 필요한 것을 알게 되었다. 나라를 걱정하는 모든 지식인들과 지도자들도 교육과 훈련이 필요하다는 것을 절실히 느끼게 되었다. 당시 나라에는 군대도 부족하고 재정과 자원도 부족하고 관료체제와 행정체계도 무너진 상태였다. 고종황제와 개화파 관료들도 국민의 교육과 훈련이 필요하다는 생각을 절실하게 하였다. 이제 믿고 기댈 곳은 민중 밖에 없었다. 나라를 지키고 바로 세우는 길은 민중을 교육해서 깨워 일으키는 것밖에 없다는 자각이 널리 퍼지고 공감을 얻었다.

이제 민중은 나라의 주인과 주체로서 나라를 지키고 바로 세울 소중한 존재가 되었다. 민중은 나라를 구할 구원자였다. 동학혁명이 실패로 끝난 병신년에 독립협회와 만민공동회, 독립신문이 발간된다. 서재필은 개화정부의 지원을 받아 1896년 4월 7일에 독립신문을 창간하고 7월 2일 독립협회를 창립했다. 한글신문인 독립신문을 창간한 것은 나라를 지키고 바로 세우기 위해서 민중을 교육시키는 일에 앞장선 것이다. 독립협회와 만민공동회를 연 것은 민중을 나라의 주인과 주체로 세운 것이다.

동학농민혁명이 실패한 자리에서 독립협회와 만민공동회의 민중교육운동과 민주운동이 일어난 것은 의미가 깊다. 동학농민혁명의 꽃이 시들어 떨어진 자리에서 민중교육과 민중의 정치참여운동이 일어난 것은 동학농민혁명의 꽃이 떨어지고 씨올이 맺는 과정이 시작된 것이고 동학혁명운동의 껍질과 허물이 벗어지고 알맹이가 드러나게 된 것이다. 혁명운동과 투쟁은 껍질과 허물이고 민중의 생명과 정신은 알맹이다. 혁명운동과 투쟁 과정에서 민중의 생명과 정신이 껍질을 벗고 알맹이를 알차게 성숙시켜야 한다. 그러나 독립협회와 만민공동회도 아직 제때를 만나지 못하였다. 독립협회와 만민공동회는 1898년 12월까지 2년 반 동안 활동하였다. 고종과 개화정부는 민중교육과 민중의 정치참여를 받아들일 수 없었다. 독립신문을 봄에 시작했으나 독립협회 활동은 겨울인 12월에 해산당했다. 아직 겨울이었던 것이다.

독립협회와 만민공동회, 안창호·이승훈의 교육독립운동을 거쳐 삼일독립운동이 일어났다. 동학농민혁명의 꽃이 떨어지고 민중의 생명과 정신이 씨올을 영글어 가는 과정이 전개된 것이다. 동학농민혁명의 씨올은 삼일운동에서 열매를 맺는다. 삼일운동은 봄에 봄기운을 받고 시작된다. 3월 1일 일어난 삼일운동은 영원한 봄기운을 타고 난 운동이다. 동학혁명과 삼일운동은 민족 전체의 생명력과 정신력이 한껏 분출되었다는 점에서 그리고 민족의 자주독립과 높은 뜻을 내세웠다는 점에서 장엄하고 아름다운 민족혁명운동이다. 그것은 정치·사회의 혁명을 넘어서 정신과 문명을 변혁하는 숭고한 혁명운동이다. 그러나 동학혁명은 실패와 패배를 딛고 삼일운동에서 다시 꽃을 피우고 열매와 씨올을 맺었다. 동학혁명은 꽃이고 삼일운동은 열매와 씨올이다. 한민족이 동학혁명운동의 실패와 패배를 딛고 삼일운동에서 그 열매와 씨올을 맺은 것이다. 실패한 동학혁명에 대한 안타까움과 슬픔이 파랑새 동요에 담겨 있다. 우리 민족은 파랑새 노래를 부르며 동학혁명의 껍질을 벗기고 그 알맹이를 전했다. 그 알맹이가 삼일운동에서 그리고 오늘 우리의 삶에서 씨올을 맺고 있다. 삼일운동이 일어나자 곧 상해임시정부가 수립되고 해방 후 정부를 세우고 헌법전문에 삼일운동과 임시정부를 나라의 합법적 정통으로 제시한 것은 삼일운동이 나라의 중심에서 씨올을 맺고 있음을 보여 준다.

수백만 명이 참여해서 30~40만 명이 죽은 동학혁명은 비록 성공하지 못했지만 우리 민족의 생명과 정신이 장엄하고 찬란하게 타오른 불꽃이었다. 동학혁명은 우리 민족의 생명과 정신이 피워 낸 장엄하고 눈부신 꽃이다. 꽃이 씨올을 맺으려면 시들어서 떨어져야 한다. 한국 근현대사에서 동학혁명운동은 한때 찬란하고 눈부시게 꽃처럼 피어났으나 시들고 떨어졌다.

동학의 꽃이 시들고 떨어진 자리서 독립협회와 만민공동회, 안창호·이승훈의 교육독립운동, 삼일독립운동, 유영모·함석헌의 씨올사상을 통해서 한국민족의 씨올이 열매를 맺고 있다. 씨올사상과 정신은 동학혁명의 실패와 패배, 상처와 설움, 죽음과 희생에서 피어난 열매이고 씨올이다.

삼일독립선언서

에必要한階段이되게하는것이라 엇지區區한感情上問題ㅣ리오

아아 新天地가眼前에展開되도다 威力의時代가去하고 道義의時代가來하도다 過去全世紀에 鍊磨長養된 人道的精神이 바야흐로 新文明의曙光을 人類의歷史에 投射하기始作하도다 新春이 世界에來하야 萬物의回蘇를 催促하는도다 凍氷寒雪에 呼吸을閉蟄한것이 彼一時의勢ㅣ라하면 和風暖陽에 氣脈을振舒함은 此一時의勢ㅣ니 天地의復運에 際하고 世界의變潮를 乘한 吾人은 아모躊躇할것업스며 아모忌憚할것업도다 我의固有한 自由權을護하야 生旺의樂을飽享할것이며 我의自足한 獨創力을發揮하야 春滿한大界에 民族的精華를 結紐할지로다

吾等이 玆에奮起하도다 良心이我와同存하며 眞理가我와幷進하는도다 男女老少업시 陰鬱한古巢로서 活潑히起來하야 萬彙群象으로더부러 欣快한復活을 成遂하게되도다 千百世祖靈이 吾等을陰佑하며 全世界氣運이 吾等을外護하나니 着手가 곳成功이라 다만 前頭의光明으로 驀進할따름인뎌

一, 今日吾人의此擧는正義, 人道, 生存, 尊榮을爲하는民族的要求ㅣ니 오즉自由的精神을發揮할것이오 決코排他的感情으로逸走하지말라

一, 最後의一人까지 最後의一刻까지 民族의正當한意思를快히發表하라

一, 一切의行動은 가장秩序를尊重하야 吾人의主張과態度로하야금 어대까지던지 光明正大하게하라

公約三章

朝鮮建國四千二百五十二年三月 日

朝鮮民族代表

孫秉熙　吉善宙　李弼柱　白龍城　金完圭
金秉祚　金昌俊　權東鎭　權秉悳　羅龍煥
羅仁協　梁甸伯　權漢默　李甲成　李明龍
李昇薰　梁漢默　劉如大　李鍾一　朴熙道
朴準承　朴東完　申洪植　申錫九　吳世昌
吳華英　鄭春洙　崔聖模　韓龍雲　洪秉箕
洪基兆　崔麟

# 宣言書

吾等은玆에我鮮朝의獨立國임과朝鮮人의自主民임을宣言하노라 此로써世界萬邦에告하야人類平等의大義를克明하며此로써子孫萬代에誥하야民族自存의正權을永有케하노라

半萬年歷史의權威를仗하야此를宣言함이며二千萬民衆의誠忠을合하야此를佈明함이며民族의恒久如一한自由發展을爲하야此를主張함이며人類的良心의發露에基因한世界改造의大機運에順應幷進하기爲하야此를提起함이니是ㅣ天의明命이며時代의大勢ㅣ며全人類共存同生權의正當한發動이라天下何物이던지此를沮止抑制치못할지니라

舊時代의遺物인侵略主義强權主義의犧牲을作하야有史以來累千年에처음으로異民族箝制의痛苦를嘗한지今에十年을過한지라我生存權의剝喪됨이무릇幾何ㅣ며心靈上發展의障礙됨이무릇幾何ㅣ며民族的尊榮의毁損됨이무릇幾何ㅣ며新銳와獨創으로써世界文化의大潮流에寄與補裨할機緣을遺失함이무릇幾何ㅣ뇨

噫라舊來의抑鬱을宣暢하려하면時下의苦痛을擺脫하려하면將來의脅威를芟除하려하면民族的良心과國家的廉義의壓縮銷殘을興奮伸張하려하면各個人格의正當한發達을遂하려하면可憐한子弟에게苦恥的財産을遺與치안이하려하면子子孫孫의永久完全한慶福을導迎하려하면最大急務가民族的獨立을確實케함이니二千萬各個가人마다方寸의刃을懷하고人類通性과時代良心이正義의軍과人道의干戈로써護援하는今日吾人은進하야取하매何强을挫치못하랴退하야作하매何志를展치못하랴

丙子修好條規以來時時種種의金石盟約을食하얏다하야日本의無信을罪하려안이하노라學者는講壇에서政治家는實際에서我祖宗世業을植民地視하고我文化民族을土昧人遇하야한갓征服者의快를貪할뿐이오我의久遠한社會基礎와卓犖한民族心理를無視한다하야日本의少義함을責하려안이하노라自己를策勵하기에急한吾人은他의怨尤를暇치못하노라現在를綢繆하기에急한吾人은宿昔의懲辨을暇치못하노라今日吾人의所任은다만自家의建設이有할뿐이오決코他의破壞에在치안이하도다嚴肅한良心의命令으로써自家의新運命을開拓함이오決코舊怨과一時的感情으로써他를嫉逐排斥함이안이로다舊思想舊勢力에羈縻된日本爲政家의功名的犧牲이된不自然又不合理한錯誤狀態를改善匡正하야自然又合理한正經大原으로歸還케함이로다當初에民族的要求로서出치안이한兩國併合의結果가畢竟姑息的威壓과差別的不平과統計數字上虛飾의下에서利害相反한兩民族間에永遠히和同할수업는怨溝를去益深造하는今來實績을觀하라勇明果敢으로써舊誤를廓正

# 선언서宣言書

오등吾等은 자慈에 아我 조선朝鮮의 독립국獨立國임과 조선인朝鮮人의 자주민自主民임을 선언宣言하노라. 차此로써 세계만방世界萬邦에 고告하여 인류평등人類平等의 대의大義를 극명克明하며, 차此로써 자손만대子孫萬代에 고誥하여 민족자존民族自存의 정권正權을 영유永有케 하노라.

반만년半萬年 역사歷史의 권위權威를 장仗하여 차此를 선언宣言함이며, 이천만二千萬 민중民衆의 성충誠忠을 합合하여 차此를 포명佈明함이며, 민족民族의 항구여일恒久如一한 자유발전自由發展을 위爲하여 차此를 주장主張함이며, 인류적人類的 양심良心의 발로發露에 기인基因한 세계개조世界改造의 대기운大機運에 순응병진順應并進하기 위爲하여 차此를 제기提起함이니, 시是는 천天의 명명明命이며, 시대時代의 대세大勢이며, 전인류全人類 공존동생권共存同生權의 정당正當한 발동發動이라, 천하하물天下何物이든지 차此를 저지억제沮止

抑制<sub>억제</sub>치 못할지니라.

구시대<sub>舊時代</sub>의 유물<sub>遺物</sub>인 침략주의<sub>侵略主義</sub>, 강권주의<sub>强權主義</sub>의 희생<sub>犧牲</sub>을 작<sub>作</sub>하여 유사이래<sub>有史以來</sub> 누천년<sub>累千年</sub>에 처음으로 이민족<sub>異民族</sub> 겸제<sub>箝制</sub>의 통고<sub>痛苦</sub>를 상<sub>嘗</sub>한지 금<sub>今</sub>에 십년<sub>十年</sub>을 과<sub>過</sub>한지라. 아<sub>我</sub> 생존권<sub>生存權</sub>의 박상<sub>剝喪</sub>됨이 무릇 기하<sub>幾何</sub>이며, 심령상<sub>心靈上</sub> 발전<sub>發展</sub>의 장애<sub>障碍</sub>됨이 무릇 기하<sub>幾何</sub>이며, 민족적<sub>民族的</sub> 존영<sub>尊榮</sub>의 훼손<sub>毁損</sub>됨이 무릇 기하<sub>幾何</sub>이며, 신예<sub>新銳</sub>와 독창<sub>獨創</sub>으로써 세계문화<sub>世界文化</sub>의 대조류<sub>大潮流</sub>에 기여보비<sub>寄與補裨</sub>할 기연<sub>機緣</sub>을 유실<sub>遺失</sub>함이 무릇 기하<sub>幾何</sub>이뇨.

희희<sub>噫嘻</sub>라, 구래<sub>舊來</sub>의 억울<sub>抑鬱</sub>을 선양<sub>宣揚</sub>하려 하면, 시하<sub>時下</sub>의 고통<sub>苦痛</sub>을 파탈<sub>擺脫</sub>하려 하면, 장래<sub>將來</sub>의 협위<sub>脅威</sub>를 삼제<sub>芟除</sub>하려 하면, 민족적<sub>民族的</sub> 양심<sub>良心</sub>과 국가적<sub>國家的</sub> 염의<sub>廉義</sub>의 압축소잔<sub>壓縮銷殘</sub>을 흥분신장<sub>興奮伸張</sub>하려 하면, 각개<sub>各個</sub> 인격의 정당<sub>正當</sub>한 발달<sub>發達</sub>을 수<sub>遂</sub>하려 하면, 가련<sub>可憐</sub>한 자제<sub>子弟</sub>에게 고치적<sub>苦恥的</sub> 재산<sub>財産</sub>을 유여<sub>遺與</sub>치 아니하려 하면, 자자손손<sub>子子孫孫</sub>의 영구완전<sub>永久完全</sub>한 경복<sub>慶福</sub>을 도영<sub>導迎</sub>하려 하면, 최대급무<sub>最大急務</sub>가 민족적<sub>民族的</sub> 독립<sub>獨立</sub>을 확실<sub>確實</sub>케 함이니, 이천만<sub>二千萬</sub> 각개<sub>各個</sub>가 인<sub>人</sub>마다 방촌<sub>方寸</sub>의 인<sub>刃</sub>을 회<sub>懷</sub>하고, 인류통성<sub>人類通性</sub>과 시대양심<sub>時代良心</sub>이 정의<sub>正義</sub>의 군<sub>軍</sub>과 인도<sub>人道</sub>의 간과<sub>干戈</sub>로써 호원<sub>護援</sub>하는 금일<sub>今日</sub>, 오인<sub>吾人</sub>은 진<sub>進</sub>하여 취<sub>取</sub>하매 하강<sub>何强</sub>을 좌<sub>挫</sub>치 못하랴. 퇴<sub>退</sub>하여 작<sub>作</sub>하매 하지<sub>何志</sub>를 전<sub>展</sub>치 못하랴.

병자<sub>丙子</sub> 수호조규<sub>修好條規</sub> 이래<sub>以來</sub> 시시종종<sub>時時種種</sub>의 금석맹약

金石盟約을 식食하였다 하여 일본日本의 무신無信을 죄罪하려 아니 하노라. 학자學者는 강단講壇에서, 정치가政治家는 실제實際에서, 아我 조종세업祖宗世業을 식민지시植民地視하고, 아我 문화민족文化民族을 토매인우土昧人遇하여, 한갓 정복자征服者의 쾌快를 탐貪할 뿐이오, 아我의 구원久遠한 사회기초社會基礎와 탁락卓犖한 민족심리民族心理를 무시無視한다 하여 일본日本의 소의少義함을 책責하려 아니 하노라. 자기自己를 책려策勵하기에 급急한 오인吾人은 타他의 원우怨尤를 가暇치 못하노라. 현재現在를 주무綢繆하기에 급急한 오인吾人은 숙석宿昔의 징변懲辨을 가暇치 못하노라. 금일今日 오인吾人의 소임所任은 다만 자기自己의 건설建設이 유有할 뿐이오, 결決코 타他의 파괴破壞에 재在치 아니하도다. 엄숙嚴肅한 양심良心의 명령命令으로써 자가自家의 신운명新運命을 개척開拓함이오, 결決코 구원舊怨과 일시적一時的 감정感情으로써 타他를 질축배척嫉逐排斥함이 아니로다. 구사상舊思想, 구세력舊勢力에 기미羈縻된 일본日本 위정가爲政家의 공명적功名的 희생犧牲이 된 부자연不自然, 우又 불합리不合理한 착오상태錯誤狀態를 개선광정改善匡正하여, 자연自然, 우又 합리合理한 정경대원正經大原으로 귀환歸還케 함이로다. 당초當初에 민족적民族的 요구要求로서 출出치 아니한 양국병합兩國倂合의 결과結果가, 필경畢竟 고식적姑息的 위압威壓과 차별적差別的 불평不平과 통계수자상統計數字上 허식虛飾의 하下에서 이해상반利害相反한 양兩 민족간民族間에 영원永遠히 화동和同할 수 없는 원구怨溝를 거익심조巨益深造하는 금래今來 실적實績을 관觀하라. 용명

과감勇明果敢으로써 구오舊誤를 확정廓正하고, 진정眞正한 우호적友好的 신국면新局面을 타개打開함이 피차간彼此間 원화소복遠禍召福하는 첩경捷徑임을 명지明知할 것 안인가. 또, 이천만二千萬 함분축원含憤蓄怨의 민民을 위력威力으로써 구속拘束함은 다만 동양東洋의 영구永久한 평화平和를 보장保障하는 소이所以가 아닐 뿐 아니라, 차此로 인因하여 동양안위東洋安危의 주축主軸인 사억만四億萬 지나인支那人의 일본日本에 대對한 위구危懼와 시의猜疑를 갈수록 농후濃厚케 하여, 그 결과結果로 동양東洋 전국全局이 공도동망共倒同亡의 비운悲運을 초치招致할 것이 명明하니, 금일今日 오인吾人의 조선독립朝鮮獨立은 조선인朝鮮人으로 하야금 정당正當한 생영生榮을 수遂케 하는 동시同時에 일본日本으로 하야금 사로邪路로서 출出하여 동양東洋 지지자支持者인 중책重責을 전全케 하는 것이며, 지나支那로 하야금 몽매夢寐에도 면免하지 못하는 불안不安, 공포恐怖로서 탈출脫出케 하는 것이며, 또 동양평화東洋平和로 중요重要한 일부一部를 삼는 세계평화世界平和, 인류행복人類幸福에 필요必要한 계단階段이 되게 하는 것이라. 이 어찌 구구區區한 감정상感情上 문제問題이리오.

아아, 신천지新天地가 안전眼前에 전개展開되도다. 위력威力의 시대時代가 거去하고 도의道義의 시대時代가 내래來하도다. 과거過去 전세기全世紀에 연마장양鍊磨長養된 인도적人道的 정신精神이 바야흐로 신문명新文明의 서광曙光을 인류人類의 역사歷史에 투사投射하기 시始하도다. 신춘新春이 세계世界에 내래來하여 만물萬物의 회소回蘇를 최촉催促하는도다. 동빙한설凍氷寒雪에 호흡呼吸을 폐칩閉蟄한 것이 피일시彼—時의 세세勢勢이라 하면 화풍난양和風暖陽에 기맥氣脈을 진서振舒함은 차일시此—時의 세세勢勢이니, 천지天地의 복운復運에 제際하고 세계世界의 변조變潮를 승乘한 오인吾人은 아무 주저躊躇할 것 없으며, 아무 기탄忌憚할 것 업도다. 아我의 고유固有한 자유권自由權을 호전護全하여 생왕生旺의 낙樂을 포향飽享할 것이며, 아我의 자족自足한 독창력獨創力을 발휘發揮하여 춘만春滿한 대계大界에 민족적民族的 정화精華를 결뉴結紐할지로다.

오등吾等이 자慈에 분기奮起하도다. 양심良心이 아我와 동존同存하며 진리眞理가 아我와 병진幷進하는도다. 남녀노소男女老少 없이 음울陰鬱한 고소古巢로서 활발活潑히 기래起來하여 만휘군상萬彙群象으로 더불어 흔쾌欣快한 부활復活을 성수成遂케 하도다. 천백세千百世 조령祖靈이 오등吾等을 음우陰佑하며 전세계全世界 기운氣運이 오등吾等을 외호外護하나니, 착수着手가 곳 성공成功이라. 다만, 전두前頭의 광명光明으로 맥진驀進할 따름인저.


공약 삼장(公約 三章)


一. 금일今日 오인吾人의 차거此擧는 정의正義, 인도人道, 생존生存, 존영尊榮을 위爲하는 민족적民族的 요구要求이니, 오직 자유적自由的 정신精神을 발휘發揮할 것이오, 결決코 배타적排他的 감정感情으로 일주逸走하지 말라.

一. 최후最後의 일인一人까지, 최후最後의 일각一刻까지 민족民族의 정당正當한 의사意思를 쾌快히 발표發表하라.

一. 일체一切의 행동行動은 가장 질서秩序를 존중尊重하여, 오인吾人의 주장主張과 태도態度로 하여금 어디까지든지 광명정대光明正大하게 하라.

조선건국朝鮮建國 사천이백오십이년四二五二年 삼월三月 일일一日

  조선민족대표(朝鮮民族代表)

손병희孫秉熙 길선주吉善宙 이필주李弼柱 백용성白龍成 김완규金完圭 김병조金秉祚 김창준金昌俊 권동진權東鎭 권병덕權秉悳 나용환羅龍煥 나인협羅仁協 양순백梁旬伯 양한묵梁漢默 유여대劉如大 이갑성李甲成 이명룡李明龍 이승훈李昇薰 이종훈李鍾勳 이종일李鍾一 임예환林禮煥 박준승朴準承 박희도朴熙道 박동완朴東完 신홍식申洪植 신석구申錫九 오세창吳世昌 오화영吳華英 정춘수鄭春洙 최성모崔聖模 최  린崔  麟 한용운韓龍雲 홍병기洪秉箕 홍기조洪其兆

# 주

1) 이동초, 《천도교 민족운동의 새로운 이해》, 모시는 사람들, 2010. 130쪽.

2) 인용된 글은 함석헌이 전한 말이다. 비슷한 내용은 金基錫, 《南崗 李昇薰》, 한국학술 정보(주), 2005. 33쪽 참조.

3) 金基錫, 《南崗 李昇薰》, 한국학술정보(주), 2005. 133쪽.

4) 金基錫, 《南崗 李昇薰》, 한국학술정보(주), 2005. 200, 205, 230쪽.

5) 金基錫, 《南崗 李昇薰》, 한국학술정보(주), 2005. 131, 162, 373쪽.

6) 이찬갑, "남강은 신앙의 사람이다", 〈성서조선〉 제64호. 1934. 5월호. 12쪽.

7) 1922년 7월 22일 동아일보 기사. 金基錫, 《南崗 李昇薰》. 한국학술정보(주), 2005. 236쪽 참조.

8) 金基錫, 《南崗 李昇薰》, 한국학술정보(주), 2005. 363~364쪽.

9) 독립협회와 만민공동회에서 시작된 교육입국운동은 안창호의 신민회, 이승훈의 민족교육운동을 거쳐 삼일운동과 임시정부로 이어졌다. 상해 임시정부의 각료 여덟 사람 가운데 여섯 사람이 신민회 출신이었다. 金基錫, 《南崗 李昇薰》, 한국학술정보(주), 2005. 106쪽.

10) 윤사순, 《韓國儒學思想論》, 열음사, 1986. 138쪽. / 김영일, 《丁若鏞의 上帝思想》, 경인문화사, 2003. 83, 87쪽.

11) 《丁若鏞의 上帝思想》, 96~97쪽.

12) 《丁若鏞의 上帝思想》, 236~240, 268쪽.

13) 금장태, "茶山의 天槪念과 天人關係論", 《哲學》 제25집, 1986. 48쪽.

14) 《丁若鏞의 上帝思想》, 98, 233~238, 45쪽.

15) 정약용, 《다산논설집》, 박석무·정해염 편역, 현대실학사, 2001. 68~70, 345~346쪽.

16) 김민수 편, 《우리말 語源辭典》, 태학사, 1997. 705쪽.

17) 전원범, 《한국전래동요연구》, 한국문학도서관, 1995. 252쪽.

18) 김도형, "동학민요 파랑새 노래연구", 《한국언어문학》 제67집, 2009. 235쪽에서 재인용.

# 참고문헌

윤병석, 《증보 3·1운동사》, 국학자료원, 2004.

金鎭鳳, 《三·一運動史硏究》, 國學資料院, 2000.

3·1문화재단 지음, 《이 땅의 젊은이들을 위한 3·1운동 새로 읽기》, 예지, 2012.

金基錫, 《南崗 李昇薰》, 한국학술정보(주), 2005.

안병욱·안창호·김구·이광수 외, 《안창호 평전》, 청포도, 2007.

이정은, 《3·1운동의 얼 유관순》, 역사공간, 2010.

박재순, 《씨올사상》, 나녹, 2010.

박재순, 《다석 유영모》, 현암사, 2008.

박재순, 《함석헌의 철학과 사상》, 한울, 2012.

김삼웅, 《녹두장군 전봉준》, 시대의창, 2007.

전원범, 《한국전래동요연구》, 한국문학도서관, 1995.

정혜정, "천도교 3·1운동과 근대국가수립, 그리고 한국인의 '마음 앓이'", 〈씨올〉 2014년 봄 24호, 재단법인 씨올, 23~46쪽.

김도형, "동학민요 파랑새 노래연구", 韓國言語文學 67집, 2009.

삼일
운동의
정신과
철학

## 삼일운동의 정신과 철학

The Spirit and Philosophy of
Samil Independence Movement

2015. 2. 4. 초판 1쇄 인쇄
2015. 2. 10. 초판 1쇄 발행

**지은이** 박재순
**펴낸이** 정애주
국효숙 김기민 김의연 김준표 박상신 박세정
박혜민 송승호 염보미 오민택 오형탁 윤진숙
임승철 정한나 조주영 차길환 한미영

**펴낸곳** 주식회사 홍성사
**등록번호** 제1-449호 1977. 8. 1.
**주소** (121-885) 서울시 마포구 양화진4길 3
**전화** 02) 333-5161
**팩스** 02) 333-5165
**홈페이지** www.hsbooks.com
**이메일** hsbooks@hsbooks.com
**트위터** twitter.com/hongsungsa
**페이스북** facebook.com/hongsungsa
**양화진책방** 02) 333-5163

ⓒ 박재순, 2015

**ISBN** 978-89-365-1078-7 (03910)